성철스님과 나

성철스님과 나

초판 1쇄 발행	2016년 8월 31일
개정증보판 1쇄 발행	2021년 3월 2일
지은이	원택
발행인	여무의(원택)
발행처	도서출판 장경각
등록번호	합천 제1호
등록일자	1987년 11월 30일
본사	경남 합천군 가야면 해인사길 122 해인사 백련암
서울사무소	서울시 종로구 삼봉로 81(수송동, 두산위브파빌리온) 1221호
	전화 (02)2198-5372　팩스 (050)5116-5374
	홈페이지 www.sungchol.org

편집·교정 문종남　디자인 김형조
홍보마케팅 김윤성　관　리 서연정

ⓒ 2021, 장경각

ISBN 978-89-93904-90-1　03220

값 9,000원

※이 책에 실린 내용은 무단으로 복제하거나 전재할 수 없습니다.
※잘못된 책은 교환해 드립니다.

짧게 읽는
성철스님
시봉이야기

성철스님과

원택 지음

| 책머리에 |

  2001년 5월부터 중앙일보에 〈산은 산 물은 물-곁에서 본 성철스님〉이라는 칼럼으로 6개월 간 연재되면서 중앙일보 수백만 독자들에게 사랑을 받았던 『성철스님 시봉이야기』가 그해 12월 1, 2권으로 초판 출간되어 불자뿐만이 아니라 일반인 독자까지 30만 명이 넘는 독자들에게 읽혀져 '국민 불서(佛書)' 반열에 올랐었습니다.

  그 후 세월이 흘러 『성철스님 시봉이야기』의 판권을 처음 출판한 김영사로부터 돌려받아 큰스님 열반 후 다양하게 펼쳐왔던 추모사업 등을 추가하여 금년 4월 개정증보판 『성철스님 시봉이야기』를 출판하였습니다.

  한 권으로 출간하였지만 성철 큰스님의 산승의 삶 58년과 소납의 출가의 삶 45년을 합하면 100년이 넘는 2대에 걸친 절집 수행의 삶을 풀어쓴 드문 기록집이다 보니 분량이 적지 않았습니다.

그래서 가야산 호랑이로 불렸던 성철 큰스님과의 첫 만남과 출가, 행자로서의 긴장된 일상, 치열한 구도정신이 일상이셨던 성철 큰스님의 진면목을 볼 수 있는 일화들만으로 '짧게 읽는 성철스님 시봉이야기' 『성철스님과 나』를 발간하게 되었습니다.

비록 작은 책자로 만들어졌으나 불교 집안을 이해하고 성철스님의 대쪽 같은 성정을 통해 수행자의 삶이 얼마만큼 치열한지를 느끼시기에 부족함이 없다고 생각합니다.

이 책을 통하여 성철 스님의 가르침과 사상을 깨닫고 올바른 삶을 살고자 하는 이가 늘어난다면 더할 수 없는 기쁨이겠습니다.

올 여름은 유난히도 무더웠습니다. 입추가 지나고 선선한 가을을 맞이한다는 처서인데도 더위는 여전합니다.

곧 다가올 수확의 계절을 맞아 독지제현께서도 부처님의 진리 속에서 더 한층 신심이 증휘되어 깨달음에 이르기를 불보살님 전에 기원드립니다.

2016년 처서절 해인사 백련암
원택 화남

| 차 례 |

책머리에 ··· 4

1장_ 성철스님과 나, 원택

첫 만남 ··· 12
니 고만 중 되라 ··· 25
행자 생활의 시작 ··· 36
도끼에 발등 찍힌 날 ··· 46
연등 없는 백련암 ··· 50
시줏돈과 팁 ··· 55
내 이빨 물어줄래? ··· 59
생산의 기쁨, 노동의 보람 ··· 64
공양주에서 시찬으로 ··· 68
큰스님의 장난기 ··· 75
몸에 밴 근검절약 ··· 80
수박사건 ··· 83
큰스님의 천진불들 ··· 86
가족과의 환속 전쟁 ··· 90
혼쭐난 배추밭 울력 ··· 97
빈틈없는 하루의 시작 ··· 101
행자 실력 테스트 ··· 105

씨감자와 손수레 ··· 109
가야산 호랑이 큰스님 ··· 113
성철스님 모시기 ··· 117
나의 수행기 ··· 121
쉽지 않은 원주 노릇 ··· 129
독초소동 ··· 136
시루떡 소동 ··· 140
큰스님의 똥물 처방 ··· 148
백련암의 텔레비전 ··· 152
김병용 거사와 장경각 ··· 157
무서운 방장스님 ··· 164
첫 한글 법어 탄생 ··· 168
시주는 남 모르게 ··· 174
효도와 고향 ··· 178

2장_ 우리 시대의 부처, 열반에 들다

열반 ··· 184
연화대의 탄생 ··· 188
길고도 짧고 짧고도 긴 영결식 ··· 199
다비식 ··· 204
돈오돈수頓悟頓修 ··· 209
방광放光 ··· 214
종교를 초월한 사리 친견법회 ··· 219

"이놈아, 도망가야지. 와 아직 도망 안 가고 여기 있노."
정말이지 꼭 도망을 가겠다고 결심을 하고서 청소나 하고 떠난다고 걸레질을 하는데 큰스님께서 "이놈아, 도망갈놈이 도망은 안 가고 뭐 하노?" 하고 호통치시는 서슬에 나는 그만 주저앉고 말았다.

① 성철스님과 나, 원택

첫 만남

대학을 졸업하고 고향인 대구에 머물던 1971년 3월 말쯤이었을 것이다. 하루는 절친한 친구가 찾아와서 내일 해인사 백련암에 다녀오자고 했다. 나는 고등학교 2학년 때 갑자기 불교를 공부하고 싶다는 마음이 들어 불교학생회에 가입한 이후 간간이 관련 서적을 보아오던 차였다. 하지만 그 친구는 전혀 불교에 관심이 없는 친구였다. 그래서 갑자기 웬 해인사냐고 물었고, 그 친구의 대답에서 처음으로 '성철스님'이란 이름을 듣게 되었다.

"내 서울대 법대 동창이 스님이 돼 해인사 백련암에서 공부하고 있는데, 갑자기 그 친구가 보고 싶어졌거든. 혼자 가기는 좀 그렇고, 너는 불교에 관심이 많으니까 거기 계시는 성철스님이라는 큰스님을 한번 친견도 할 겸 해서 가자는 거야."

당시 대구에서 해인사까지 가는 길은 비포장도로에다 폭도 좁아 세 시간 이상 걸렸다. 해인사 주차장에 도착해 오솔길보다 좁은 산길을 올라 백련암에 도착했다. 친구는 대학 동창 스님을 찾아 반갑게 얘기를 나누었지만, 나와는 초면인지라 나는 대화에 끼지도 못하고 쭈뼛거리고 있었다.

20~30분쯤 지나 그 친구 스님이 말했다.

"우리끼리만 이야기하고 있으면 나중에 어른 스님께 야단맞을 것이니, 큰스님께 인사를 드리고 내려와서 다시 얘기하자."

나는 '그래, 유명하다는 스님은 어떻게 생겼을까?' 하는 호기심으로 친구 스님을 따라갔다. 큰스님 방 앞에 도착했다. 친구 스님이 방문 앞에서 "접니다." 하고 기별을 드렸다.

"어, 들어오이라."

카랑카랑한 음성이었다. 방 안으로 들어가 큰스님을 쳐다보니 여느 스님보다 더 밝은 형형한 눈빛으로 쏘아보시는 게 아닌가. 그 눈빛만으로도 주눅이 들어 얼굴을 떨구고 말았다. 잔뜩 긴장하고 있는데 한참을 그렇게 쏘아보시더니 한마디 툭 던지셨다.

"웬 놈들이고?"

말투도 그렇지만 눈빛이 결코 범상치 않아 분위기가 딱딱하게 굳었다. 친구 스님이 "제 친구들인데 오랜만에 저를 찾아왔심더."라고 말하자 그제야 분위기가 풀리기 시작했다. 여전히 나는 주눅 들어 있었지만 겨우 용기를 내 입을 열었다.

"큰스님, 오늘 처음 뵙게 되었습니다. 그 기념으로 저희에게 평생 지남指南이 될 좌우명 하나 말씀 해주시소."

큰스님께서 예의 그 형형한 눈빛으로 쏘아보시더니 당돌한 주문에 흥미를 느낀다는 듯 다시 한마디 내뱉었다.

"그래, 그라면 절돈 3,000원 내놔라."

그래서 나는 주머니를 뒤져 3,000원을 스님 앞에 내놓으며 "여기 있습니더."라고 호기 있게 말했다. 그러자 큰스님의 불호령이 떨어졌다.

"이놈아, 나는 그런 돈 필요 없다. 절돈 3,000원 내놓으란 말이다. 절돈 3,000원! 절돈!"

황당했다. "절돈이라니. 백련암에서는 돈을 따로 찍어내나? 백련암에서 현금으로 바꾸는 절돈이 따로 있는 모양이지." 순간적으로 별 생각을 다하며 멍청히 있는데 친구 스님이 설명을 해주었다. 큰스님이 말씀하는 절돈은 법당에 가서 부처님께 절하는 것이라고. 절돈 3,000원은 삼천배를 하라는 뜻이라고 했다.

"비구는 250계, 비구니는 500계, 보통 신도는 48계율을 지켜야 되는 줄 압니다만……. 우리는 큰스님께 좌우명 한 말씀만 듣고자 하는데 절돈 3,000원까지 낼 거야 없지 않습니꺼?"

절돈 좀 깎아보려고 말씀드렸는데 큰 실수였다. 큰스님이 쏘아보시더니 다시 꾸짖었다.

"니는 불교에 대해 뭐 쫌 아나? 니는 공짜로 그저 묵자 하는 놈이구만. 안 된데이. 니는 절돈 만 원 내놔라."

절돈 3,000원을 좀 깎아보려 꼼수를 썼다가 절 폭탄을 맞았다. 일만 배를 한다는 것은 상상하기 힘든 일이다. 그러나 오기가 솟구쳤다.

"좋심더. 그러면 제가 만 번 절하고 오겠심더."

참 당돌한 약속을 해버렸다. 큰스님 방에서 물러 나와 친구 스님 방으로 내려왔다. 우선 절하는 방법을 배운 다음, 각오를 다지느라 객실에서 잠시 쉬고 있었다.

일만 배를 하는 방식은 '하루 세 끼 식사는 하되 24시간 이내에 일만 번 절을 해야 한다'는 것이었다. 오후 1시니까 다음날 오후 1시까지 일만 배를 해야 하는 것이다. 천태전으로 올랐다.

'독하게 마음먹으면 못 할 것도 없지' 하는 생각으로 시작했다. 저녁 공양 시간까지 부지런히 한다고 했는데 겨우 일천 배였다. 저녁을 먹고 나니 독한 마음은 온 데 간 데 없어졌다. 친구 스님에게 말했다.

"아이구, 생각보다 절하기 힘드네요. 네 시간 동안 절한 것이 겨우 일천 배니, 일만 배를 어떻게 하지요. 절 그만하고 내려 갈랍니다."

그 정도면 성의는 보였다고 생각했는데 친구 스님이 펄쩍 뛴다. 나야 절 안 하고 가면 그만이지만, 내가 약속을 안 지키면 자기가 쫓겨난다는 것이다. 그러니 절 다 하고 내려가야 한다며 한참을 나무라는 게 아닌가. 미안한 마음에 아무 말도 못하고 저녁 예불을 마치고 다시 천태전으로 올라갔다.

절집에선 저녁 9시가 취침 시간이다. 천태전으로 올라간 지 얼마 지나지 않아 취침 시간을 알리는 목탁 소리가 고요한 밤하늘을 가르고 지나갔다. 후회막급이었지만 이미 약속한 일이다. 수도 없이 일어났다 구부렸다 하며 절을 하는데, 나중에는 너무나 지쳐 밤이 얼마나 깊었는지조차 가늠할 수가 없었다.

육신의 고통이 이루 말할 수 없을 정도로 밀려왔다. 나중에는 절을 하던 중 서서 졸다가 몸이 기우뚱 균형을 잃는 바람에 소스라쳐 놀라 깨어나기도 했다. 바닥에 엎드리는 순간 깜빡 졸음에 빠져 죽은 듯이 엎어져 있기도 했다.

새벽 3시면 스님들은 일어난다. 3시에 울려 퍼지는 목탁 소리가 그렇게 반가울 수 없었다. 전날 저녁 9시부터 그날 새벽 3시까지, 여섯 시간밖에 되지 않는데 그 시간이 왜 그렇게 길게 느껴졌는지. 영겁이 흘렀지 싶다. 그렇게 힘을 얻어 열심히 절을 했는데 누군가 세차게 엉덩이를 찼는지 아파 고개를 들어 보니 친구 스님이 서 있었다.

"아침 공양에 나오지 않길래 올라와 보니 이렇게 자고 있는 기라. 깨워도 깨지를 않아서 할 수 없이 엉덩이를 걷어 찼지."

절을 하다가 나도 모르게 꼬꾸라져 잠이 깊이 들었던 모양이다. 죽을힘을 다해 아침을 먹고 또 천태전으로 올라가 절을 하는데 이제는 일어나지도 앉지도 못할 지경으로 온몸이 굳어버렸다. 그래서 점심때까지는 일어나지도 못하고 앉아서 허리만 구부렸다 폈다 했다. 점심시간이 돼 엉금엉금 기어 내려오다가 큰스님과 마주쳤다. 큰스님이 내 모습을 물끄러미 쳐다봤다.

"절돈 만 원 다 내놨나?"

얼떨결에 "예, 다 내놓은 것 같심더." 하고 얼버무리며 지나쳐 가려고 했다. 그러자 스님이 혀를 끌끌 차며 말했다.

"어제 1시에 올라갔으면 오늘도 1시에 내려와야지, 한 시간을 못 채우고 내려오는 거 보니 니놈도 시원찮다!"

전신이 욱신거리며 녹초가 된 몸을 이끌고 큰스님을 찾아뵈었다.

"어제 뭐라 했노. 좌우명 달라 했제. 너거들 낯짝 보니 좌우명 줘봤자 지킬 놈들이 아이다. 그러니 그만 가봐라!"

이게 무슨 청천벽력인가. 그렇게 힘든 절을 시켜놓고는 그만 가보라니 황당하다 못해 어이가 없었다. 그냥 물러설 수가 없었다.

"큰스님, 그래도 지키고 안 지키고는 다음 문제고요. 우리가 이렇게 힘들게 절돈을 내놨는데 좌우명을 주셔야 하지 않겠습니꺼? 큰스님께서 중생의 절돈을 떼먹을 수는 없지 않습니꺼?"

"그놈 봐라! 절돈 내느라고 애는 썼으니 좌우명을 주기는 주지."

성철스님은 잠시 침묵하더니 이윽고 말씀하셨다.

"속이지 마라! 이 한마디 해주고 싶데이."

그 순간 나는 너무나 실망했다. 큰스님이 주시는 좌우명이라면 무슨 거창한, 정말 평생 실행하려고 해도 힘든 어떤 굉장한 말씀일 것이고, 금덩어리라 기대했었는데, 기껏 '속이지 마라'니. 너무나 중생에게 실망스러운 좌우명이었다. 흙덩이를 받아 든 심정으로 떨떠름한 표정을 짓고 못마땅히 앉아 있으니 큰스님이 다시 묻는다.

"와? 좌우명이 그래 무겁나? 무겁거든 내려놓고 가거라. 아까도 내가 너거들은 좌우명 못 지킬 놈들이라 안 했나."

내가 실망하는 마음과는 정반대의 말씀이었다. 하지만 큰스님께서 그렇게 말씀하시니 "너무 실망스럽습니다."란 말은 입 밖에 내지도 못하고 백련암을 뒤돌아보지도 않고 내려왔다.

"예, 그럼 속세에 가서 잘 지켜보겠습니다."

하산하는데 억지로 절한 몸이 제대로 움직이지 않았다. 걷다가 쉬다가 다시 바닥을 기다시피 하면서 백련암을 내려왔다. 그리고 친구에게 "괜히 백련암 오자고 해서 몸만 작살났다."며 투덜거렸다.

그로부터 석 달쯤 지났다. 문득 '속이지 마라' 하시던 큰스님의 말씀이 다시 머릿속에 떠올랐다.

'그렇다. 내가 지금까지 살면서 남을 속인 적은 없지만,

나 자신을 속이고 산 날은 얼마나 많은가. 그래 그때 내가 큰스님의 좌우명을 잘못 이해했구나!'

그때는 큰스님의 말씀을 '남을 속이지 마라'고 해석하여 그렇게 실망했었다. 그러나 '자기를 속이지 마라'라고 다시 해석하면 정말 평생 지키기 힘든 좌우명이 될지도 모른다는 생각이 머리를 쳤다. 그런 생각을 한 며칠 뒤 나는 내 스스로를 말끔히 화장하는 꿈을 꾸었다. 갑자기 큰스님을 다시 찾아뵙고 싶은 충동이 일어났다.

그해 7월, 이번에는 혼자서 백련암을 찾았다. 나중에 출가하고 보니 보통 문이 굳게 잠겨 있는 곳이 백련암인데, 그날따라 문이 활짝 열려 있었다. 마침 큰스님 혼자서 마당을 왔다 갔다 하시며 포행을 하고 계셨다. 반가운 마음에 큰스님께 다가가 인사를 올렸다.

"큰스님, 편안하셨습니꺼?"

"웬 놈이고?"

어쩔 수 없이 지난 3월의 절돈 만원 낸 일에 대해 설명을 드렸다.

"그랬나? 나는 모린다."

말문이 막혔다. 감정을 가지고 큰스님께 말씀드려 봤자 아예 이야기가 되지 않을 게 뻔했다. 용기를 내 단도직입적으로 말했다.

"큰스님, 불교에 대해 알고 싶어서 찾아뵈었습니더."

"불교? 불교에 대해 나는 아무것도 모른데이. 불교를 알고 싶으면 큰절에 내보다 더 잘 아는 사람이 있지. 해인사 강원의 강주스님이 불교를 내보다 더 잘 아니까, 거기 가서 물어봐라."

강원講院은 불교의 교리를 가르치는 대학교와 같은 곳이고, 큰절이란 해인사의 본찰을 말한다. 큰스님의 가르침을 받겠다고 찾아왔다는데, 당신은 불교는 모르니 큰절로 강사스님을 찾아가라고 한다. 무서우면서도 엉뚱한 스님이었다. 그렇게 한참을 망설이며 산책하시는 스님의 뒤를 따르니 "니, 뭐 할일 없어 내 뒤만 따르노." 하시며 핀잔이시다. 성철스님은 평생 참선으로 일관해온 선승이 아닌가. 평소 참선에 관심이 있던 나는 다시 간청을 드렸다.

"큰스님, 불교에 대해 배우는 것은 그렇다 치고 저는 본디 참선 공부를 하고 싶어 했습니더. 큰스님께서 제가 참선할 수 있게 화두를 주셨으면 합니더."

순간, 큰스님 얼굴 표정이 확 변했다. 지금까지 무뚝뚝하던 모습은 어디론가 사라지고 호상虎相의 엄한 모습이 확 퍼졌다.

"참선하고 싶다 했나? 오냐 그래, 그라문 내가 참선하도록 화두를 줄게. 나 따라 오이라. 진작 참선하고 싶다고 하지!"

성철스님은 말을 마치자 성큼성큼 방으로 들어갔다. 엉겁결에 따라 들어가 절을 세 번 했다. 신도들은 스님에게 절을 세 번 올리는 것이 절집의 인사법이다. 스님이 내린 화두는 '삼서근麻三斤'이었다. 예상치 않았던 자세한 설명에 당부까지 덧붙이셨다.

"'어떤 것이 부처님입니까. 삼서근이니라.' 무슨 말인고 하니, 부처님을 물었는데 어째서 삼서근이라 했는고, 이것이 삼서근 화두다. 염불하듯이 입으로만 오물거리지 말고 '어째서 삼서근이라 했는가' 하는 의심을 가지고 놓지 말도록 해라."

뜻밖의 자상함에 어찌나 고맙고 감사한지, 연신 머리를 조아리며 "열심히 하겠습니더." 하고 다짐에 다짐을 더했다. 백련암을 내려오면서도 화두를 주신 큰스님에 대한 고마움이 마음속에 가득했다.

그런데 막상 화두를 드는 수행에 들어가려고 하니 쉬운 일이 아니었다. 흔히 화두를 붙잡고 참선하는 것을 '화두를 든다'라고 하는데, 들고 앉으면 끊임없이 잡념이 일어났다. 화두는 어디론가 사라지고, 이런저런 헛생각들만 쉼 없이 머릿속에 떠올랐다.

본래 화두란 선禪을 수행하는 스승과 제자 사이에 주고받는 문답 가운데 하나를 말한다. 흔히 스승이 제자에게 참선 공부거리로 던지는 '문제'가 화두다. 선불교 전통에선 1천여 년간 큰스님들이 던진 대표적 질문들을 모아 공안公案이라고 통칭한다. 공안이 곧 화두인 셈인데, 대표적인 것이 1,700가지다. '이 뭐꼬?'나 '무無'가 우리나라 선승들이 가장 많이 수행하는 화두들이다.

스승이 던진 화두를 들고 참선하다 그 물음의 답을 얻는 것이 곧 깨달음인데, 흔히 이러한 깨달음을 얻는 것을 '화두를 타파한다'라고 말한다. 그런데 문제는 팔만대장경을 다 뒤져도 그 안에 화두의 정답이 없다는 점이다. 오로지 의문에 또 의문을 가짐으로써 마침내 마음에서 그 뜻을 깨우치게 되고, 그 뜻을 분명히 깊이 깨치면 견성성불見性成佛(본성을 바로 보아 깨달음을 얻음)해 부처가 된다는 것이다.

성철스님이 준 삼서근 화두를 들고 낑낑거리며 세월을 보냈다. 아무런 진척도 느껴지지 않아 나중에는 왼손 엄지손톱과 오른손 엄지손톱 사이에 향을 끼워 태우는 고행까지 시도해보았다. 향이 타들어가 엄지에 불이 닿는 고통 속에서 정신이 번쩍 드는 그 순간이 있으리라는 기대 때문이었다. 하지만 엄지손톱이 노랗게 타들어가는 고통이 적지 않았음에도 불구하고 공부에는 별 도움이 되지 않았다.

그런 과정 속에서 조금씩 느낄 수 있었다. 화두 타파를 위해 선방에 앉아 수행하는 스님들의 정진이 함부로 미칠 수 있는 가벼운 세계가 아니라는 것을. 피상적 생각으로는 도저히 헤아리기 힘든 곳이란 것을.

'참선한답시고 괜히 큰스님한테 화두를 얻어 생고생하는 것 아닌가?' 하는 푸념이 절로 나왔지만, 그래도 화두가 달아나면 돌이켜보고, 다시 달아나면 또 돌이켜보기를 끊임없이 되풀이했다. 화두 공부만이 진리에 도달하는 지름길이라는 다짐에 내가 아는 불교 지식을 총동원해가며 매진했다. 그렇게 1971년이 저물어가고 있었다.

니 고만 중 되라

1972년 새해가 밝았다. 문득 백련암으로 성철스님을 찾아뵙고픈 마음이 생겼다. 지난 몇 개월 동안 힘을 내 참선한다고 했으나 별다른 진전이[1] 없어 큰스님을 뵈면 뭔가 결단을 내릴 수 있을 것 같았다.

1월 2일 대구에서 해인사 행 시외버스를 탔다. 새해 다음날 아침이라 승객이 아무도 없었다. 운전기사와 안내양 그리고 나, 셋이서 출발했다. 냉난방 시설이 없었던 시절이라 차 안은 몹시 춥고 냉랭했다. 비포장도로로 인해 차는 덜컹거리는데다 몸을 웅크린 채 추위에 떠느라 나는 아무 생각도 없었다.

바로 그때였다. 나도 모르게 삼매三昧(마음의 혼란스러움이 사라진 경지)에 빠져들었던 모양이다. 언뜻 머리 주위를 무지갯빛이 휘감는 듯한 느낌을 받았다.

부지불식간에 겪은 신기한 체험에서 깨어나 보니, 버스는 높고 험하기로 유명한 고령의 금산재를 막 넘고 있었다. 정말 묘한 기분이었다. 부처님이나 예수님을 그린 그림에서 흔히 머리 뒤쪽으로 빛이 나오는 모습, 즉 광배光背를 볼 수 있는데, 내가 바로 그런 빛의 흐름을 느낀 것이다. 워낙 신기하고 순간적으로 지나간 일이라 '한번만 더 나타나면 확실히 볼 텐데……' 하는 아쉬움이 간절했다. 하지만 그때 이후로 지금까지 같은 경험을 하지 못했다.

어쨌든 그런 신비한 마음을 가슴 한편에 묻고 해인사에 도착했다. 큰스님께 새해 인사를 드릴 수 있게 해달라고 친구 스님에게 부탁을 해 허락을 받아냈다. 속으로 '성철스님을 뵙자마자 따귀를 한방 때려 보자'라는 결심을 다지며 방으로 들어섰다. 방문을 열자마자 주먹을 휘두르려고 큰스님의 얼굴을 쳐다보는 순간, 쩌렁쩌렁한 소리가 방 안을 가득 메웠다.

"뭐냐, 이놈아!"

벽력같은 고함에 그만 풀썩 주저앉고 말았다. 한참을 정신 차리지 못하고 어리벙벙히 앉아 있었다. 아주 멀리서 들려오는 듯한 큰스님의 부드러운 목소리가 귀에 들어왔다.

"이놈아, 그게 공부가 아이다. 공부가 아이란 말이다!"

내 속마음을 어떻게 알고 말씀하시는 것일까. 경황 중에 겨우 정신을 차려 그동안의 얘기를 주섬주섬 엮어나갔다. 손톱을 태우던 고통과 결심에도 불구하고 공부에 진전이 없었던 일에서부터, 추위에 떨며 금산재를 넘어오다 겪었던 나름의 신비 체험에 이르기까지. 큰스님은 계속 빙그레 웃으시며 쳐다보다가 한마디 던지셨다.

"나가 쉬어라. 그건 옳은 공부가 아이다. 헛경계가 나타난 거지. 여기서 하루 자고 가거라."

"예."

방에서 물러 나올 때까지도 약간 멍멍했다. 저녁 무렵 큰스님이 찾으신다는 전갈이 왔다. 큰스님이 곧장 물었다.

"니 중 안 될래? 고만 중 되라."

생각지도 않았던 일이다. 펄쩍 뛰는 속마음을 내비친 단호한 대답이 불쑥 튀어나왔다.

"제가 불교에 대해 알고 싶어 하고, 또 참선이 뭔지를 알고 싶은 것은 사실입니다. 그렇다고 출가할 생각은 정말 겨자씨만큼도 없습니다."

큰스님은 껄껄 웃으셨다. 푸근한 목소리가 이어졌다.

"그래, 이놈아, 나이 서른이 다 돼서 세상에서 뭐 할 거고. 부처님 제자가 돼 살아가는 것도 뜻이 있는 기라. 내가 괜히 너보고 중 되라고 하겠나. 나는 함부로 남보고 중 되라고 안 한데이. 세상살이가 좋은지, 백련암에서 참선 잘해도 닦는 것이 좋은지 잘 생각해봐라."

대답을 않고 방에서 물러 나왔다. 저녁 예불을 마치고 객실에 앉아 있으니 기분이 이상해졌다. 이런저런 상념에 잠겼다. '지금 당장 내려가 버릴까' 하는 마음과 '남에게 함부로 중 되란 말을 잘 안 하신다던데, 나는 정말 출가할 팔자가' 하는 마음이 오락가락했다. "나이 서른이 다 돼서 세상에서 뭐 할 거고"라는 대목이 자꾸만 마음에 걸렸다.

뒤숭숭한 밤을 보내고 아침 공양도 하는 둥 마는 둥 했다. 오락가락하는 내 마음을 아시는지 성철스님이 일찍부터 시자를 보내 찾았다. 스님은 뭔가 흐뭇해하는 표정으로 물었다.

"그래, 출가하기로 마음 묵었나?"

출가라는 것이 가벼운 일이 아니기에 결심이 서지 않는 한 확답을 해선 안 되었다.

"아무리 생각해도 출가할 마음이 나지 않습니더. 여기 올 때는 큰스님 한번 뵙고 간다고만 생각했지 출가할 생각으로 온 것은 아닙니더."

불같은 성미에 벼락같이 소리치던 성철스님답지 않게 끈기 있게 설득해보겠다는 자세를 보였다.

"아이다, 한번 잘 생각해 보거래이. 중노릇도 잘하면 해볼 만한 기라. 이놈아, 내가 아무나 보고 중 되라카는 줄 아나?"

뭔가 확신을 가진 말투였다. 형형한 눈을 부라리듯 하며 나를 바라보았다. 차마 그 자리에서 "그래도 안 됩니더."란 대답을 할 수가 없었다. 즉답을 피하기 위해 "그럼 나가서 한번 더 생각해 보겠습니더." 하고는 물러 나왔다. 스님의 목소리가 뒤통수를 때렸다.

"그래! 그래! 한번 더 자알 생각해 보거래이."

객실로 돌아와 곰곰이 생각에 잠겼다. 도道 높은 스님께서 중이 되라고 하실 때는 뭔가 뜻이 있을 터였다. 고령 금산재를 넘으며 신비 체험을 한 기억도 범상찮게 느껴졌다. 어느 순간부터 '큰스님을 따라 출가하면 도를 이룰 수 있을까?' 하는 생각이 솔솔 들기 시작했다.

마침내 '서른 살이 다 돼가는 놈이 세상에 살면 뭘 얼마나 하고, 또 얼마나 출세하겠는가' 하는 마음이 들었다. 다시 큰스님을 찾아갔다.

"큰스님, 스님의 가르침에 따라 저도 출가하기로 결심했습니더!"

큰스님은 빙긋이 웃고는 "그럼, 그래야지." 하며 연신 고개를 끄덕이셨다. 뭐가 그리 즐거운지 "그럼, 어서 서둘러라. 다시 대구에 갈 것 없지"라며 연신 재촉했다. 하지만 정작 나에게는 착잡한 마음이 여전히 남아 있었다. 그래서 정리하기 위해 대구에 다녀오겠다고 말미를 구했다. 스님은 아쉬우면서도 불안한 듯했다.

"그래, 그러면 너무 늦지 말고, 일주일 안에 돌아와야 된데이."

큰스님에게 다짐을 하고 대구로 돌아왔다. 하지만 막상 돌아와 보니 '내가 어디서 뭘 하고 왔지?' 하는 생각도 들고 당황이 되기 시작했다. 친구들을 찾아 출가에 대해 의논해보기로 마음먹었다. 나를 백련암에 처음 데려간 친구를 찾아갔다.

"나는 인제 출가할란다."

예상했던 대로 친구는 펄쩍 뛰었다.

"안 가면 그만이지. 설마 큰스님이 널 잡으러 오겠냐. 가지 마라."

다시 마음이 흔들렸다. 그래서 그 친구와 그날 밤 늦게까지 얘기를 나누다 새벽 무렵 같이 잠이 들었다. 다음날 아침, 친구에게 "내가 안 보이면 백련암으로 출가한 줄 알아라." 하고는 집으로 돌아왔다.

며칠을 두문불출하다가 드디어 결심을 했다. 이왕 마음 먹은 일이고 큰스님과 약속한 일이다. 이제는 부모님께 어떻게 말씀을 드리고 집을 나갈까 하는 것이 가장 큰 문제였다. 출가한다고 하면 분명히 반대하실 부모님이다. 일단은 거짓말을 하는 수밖에 없었다.

"저번에 백련암에 갔더니 큰스님께서 그곳에 와서 공부하면 성공할 것이라고 해서예. 한 1년 백련암에 가서 공부하고 오겠심더."

어머니는 "그래, 가서 공부 많이 하고 오너라." 하고 말씀하시는데, 아버지는 얼굴색이 달랐다. 공부하고 오기는 오는 것이냐며 묻는 아버지의 얼굴에는 의아한 기색이 역력했다. 거짓말을 한 탓에 집에서 나올 때는 책을 가득 넣은 가방 두 개를 짊어지고 나와야 했다. 출가하면 필요 없는 물건인데 어쩌다 보니 백련암까지 들고 왔다. 백련암 일주문 앞에 당도해서야 비로소 마음을 굳게 먹었다.

"도를 이룰 때까지는 이 계단을 다시는 내려가지 않을 것이다."

성철스님과 약속한 일주일 기한을 며칠 넘기고 백련암에 도착한 날, 먼저 큰스님에게 절을 올렸다.

"오긴 왔구만. 그래도 약속은 지킨 셈이 됐네."

큰스님은 뒤늦게 온 나를 반갑게 맞아주었다. 그러고는 곧바로 엄명이 떨어졌다.

"내일부터 일주일 동안 매일 삼천배 기도를 하거래이. 새벽 예불하고 나서 일천 배, 아침 공양하고 일천 배, 점심 공양하고 일천 배. 그렇게 매일 삼천배 기도를 일주일 동안 다 하고 나서 보자."

일만 배를 제대로 채우지도 못하고 기진맥진했던 게 엊그제 같은데, 일주일 동안 이만일천 배를 어떻게 하란 말인가. 속으로 '절에 들어와서 머리 깎으면 그만이지, 또 무슨 절을 그렇게 많이 하란 말인가' 하는 생각이 들었다. 그렇다고 출가에 대한 결심을 바꿀 수는 없었다. "예." 하고 물러 나와 원주스님(절의 살림살이를 책임진 스님)을 따라 객실로 갔다. 이만일천 배를 마쳐야 삭발을 하고, 스님이 되기 위한 예비 첫 단계인 '행자'가 된다고 한다.

1972년 1월 중순, 한겨울 산중엔 밤낮없이 칼바람이 불어댔다. 그중에서도 새벽 3시 기상 시간의 삭풍은 정말 견디기 힘들었다. 일어나자마자 차관에 물을 담아 영자당에 있는 다기(청정수를 담는 그릇)에 물을 올리고 절을 하는 것으로 하루 일과를 시작했다. 어찌나 추운지 절을 시작하고 얼마 지나지 않아 다기에 살얼음이 생기고, 절을 마칠 무렵이면 물이 꽁꽁 얼면서 부풀어 올라 터졌다.

그런 엄동설한에, 그것도 세속에선 한창 단잠에 빠져 있을 새벽 시간에 절을 하려니 여간 고역이 아니었다. 약속대로 매일 삼천배씩 하기를 사흘, 온몸의 근육이 아파 움직이기조차 힘들었다. 결리지 않는 곳이 없고 손과 발은 푸르뎅뎅해졌다. 저녁 무렵이 되자 온갖 상념이 머리를 어지럽혔다.

'백련암으로 출가했다간 평생 절만 하는 것 아닌가. 이렇게 힘든 절을 계속하다가는 사람 죽어나가게 생겼구먼. 차라리 세상에 나가 그 정성으로 열심히 살면 크게 출세할 수 있겠다.'

한편 "중 되라"고 할 때는 그렇게 자상하던 큰스님이 지금은 언제 보았냐는 식으로 눈길 한번 주지 않았다.

'에이, 내일 아침 도망가 버리자.'

그날밤 꿈속에 눈썹이 허연 노스님 7~8명이 나타나 한 사람씩 자신을 소개하는데 선종사禪宗史에 쟁쟁한 선사들이었다. 그리고 그들 모두 "도망가지 말고, 기도 끝내고 중

노릇 잘해라." 하고 당부하는 것이 아닌가. 화들짝 놀라 잠을 깼다. '도망갈 생각을 하니까 별 이상한 꿈도 다 꾼다'며 잠시 앉았다가 다시 잠이 들었다. 평소처럼 일어나 새벽 기도를 끝내고 아침 공양도 마쳤다. '도망갈 때는 가더라도 밥 먹은 큰방 청소나 해주고 가야지' 하는 생각에서 물걸레를 들고 방바닥을 밀고 있었다. 그런데 갑자기 큰스님이 방문을 열고 들어오셨다.

"이놈아, 도망가야지. 와 아직 도망 안 가고 여기 있노."

정말이지 꼭 도망을 가겠다고 결심을 하고서 청소나 하고 떠난다고 걸레질을 하는데 큰스님께서 "이놈아, 도망갈 놈이 도망은 안 가고 뭐 하노?" 하고 호통치시는 서슬에 나는 그만 주저앉고 말았다. '여기는 무슨 감시장치라도 설치되어 있나? 내 마음을 어떻게 아시고 저렇게 호통을 치시는 것일까?' 하는 생각이 머리를 뒤흔들었다. 어쨌든 큰스님의 그 말씀은 나의 도망갈 기를 순식간에 꺾어버리는 것이었다.

"스님, 절하는 것이 너무 힘들어 정말로 도망가려고 짐을 싸두었습니다. 그런데 스님께서 이렇게 훤히 알고 계시니, 도망갈 생각을 접고 열심히 절하겠심더."

스님께서 꼭 도망가고야 말겠다는 내 속내를 어떻게 아

셨는지 두고두고 묻지 못했다.

죄송한 마음에 고개를 숙이는데 큰스님이 빙긋이 웃으셨다.

"절하는 사람 다 힘들지. 힘 안 드는 사람이 어데 있겠노. 그래도 열심히 절해 기도를 마치거래이."

나는 다시 영자당으로 올라갔다.

다시 힘을 내서 섣달 새벽 삭풍을 견디며 마침내 일주일간 매일 삼천배 기도를 마치게 되었다.

행자 생활의 시작

"내일이 동지 보름이니, 이왕 삭발하는 김에 좋은 날 삭발하지요."

우여곡절 끝에 이만일천 배를 마치자 원주스님이 삭발 날짜를 잡았다. 백련암에서는 성철스님의 뜻에 따라 삭발과 관련된 모든 염불 의식을 없앴다. 대야에 물을 떠놓고 원주스님이 직접 가위를 들고 긴 머리카락을 대강 자른 다음 바리캉으로 밀었다. 마지막엔 면도로 한 올의 머리카락까지 깨끗이 걷어냈다. 삭발이 끝난 뒤 원주스님이 머리카락을 싼 종이를 내밀었다.

"이 긴 머리카락은 속세와 절연하는 상징이니 행자가 태우든지 말든지 하이소."

혹자는 눈물이 솟는다고도 하는데, 나는 그저 담담했다.

"제 몸을 떠났으면 그만이지요. 제가 또 어디에 버리겠습니까? 원주스님이 다른 행자들에게 하는 대로 하시지요."

머리를 감느라 맨머리를 만지니 기분이 영 이상했다. 딱딱하고 까슬까슬한 촉감이 느껴졌다. '나도 이제 스님이 되기는 되는 모양이다'라는 생각이 들었다. 삭발을 함으로써 얻은 '행자'라는 이름은 '출가를 결심하고 절에서 허드렛일을 하는 예비승'을 가리키는 말이다.

큰절로 내려가 법문을 하고 올라오던 성철스님이 내 모습을 보고는 빙그레 웃으시며 방으로 따라 들어오라고 손짓을 했다. 삼배를 하고 꿇어앉았다. 큰스님의 표정이 출가를 권하던 당시의 자상함으로 바뀌었다.

"니도 이제 중 됐네. 그런데 머리만 깎았다고 중 된 것 아니제. 거기에 맞게 살아야제. 중은 평생 정진하다가 논두렁 베고 죽을 각오를 해야 된다 아이가. 중노릇이 쉬운 거는 아이다, 알겠제."

방금 삭발하고 뭐가 뭔지도 모르는 상황에서 법문을 해주시니 무슨 말씀인지 제대로 귀에 들어오지 않았다. 그저 대답만 "예." 했을 뿐, 시종 '내가 진짜 중이 되기는 된 것인가' 하는 의아함이 마음속에서 떠나지 않았다.

"절한다꼬 수고 많았다. 며칠 쉬거라."

물러 나와 큰스님의 말씀을 원주스님께 전했다. 원주스님은 영 못마땅한 얼굴이었다. 뒷방을 하나 배정받아 며칠 동안 정말 아무 일도 하지 않고 지냈다. 밥 먹고 누우면 바로 잠이 들었다. 이만일천 배의 피로와 긴장이 한 올씩 몸에서 빠져나가는 느낌이었다. '스님들 생활이 이렇게 편하고 좋은 것이구나' 하며 온몸이 풀어져 있을 때 원주스님이 우물가로 불렀다.

"지금 절에 공양주(밥하는 사람)가 없으니 이제 행자가 공양주 소임을 맡아 주어야겠소."

행자로 받은 첫 소임은 부엌일이었다. 원주스님이 조리와 쌀 한 되를 내주면서 저녁 공양을 위해 쌀을 씻어보라고 했다. 나는 한순간 당황했다. 이런 일을 하려고 출가한 것이 아니지 않은가?

"원주스님, 지금까지 내 손으로 밥해 본 적이 한번도 없습니더. 밥하려고 절에 들어온 것도 아니고, 밥할 사람이 없으면 식모를 한 사람 두면 되지 않습니꺼?"

이번에는 원주스님이 어리둥절해하는 표정을 지었다.

"큰스님께서 불교를 좀 아는 놈이 온 것 같다고 하시기에 잘 봐주려고 했더니만, 절 살림에 대해서는 영 깡통이구만. 큰스님께서 일절 부엌에 여자를 두지 말라고 하셨는데 어떻게 식모를 두겠소. 이렇게 똑똑한 행자가 다 있네."

원주스님은 이상한 놈이라며 영 못마땅한 표정을 지었다. 지금 생각해보면 확실히 이상한 행자였다. 그렇지만 당시는 정말 막막했다.

지금이야 전기밥솥에 쌀과 물만 넣으면 밥이 되지만 당시에는 조리로 쌀을 일어 돌을 가려내고, 무쇠솥에 장작불을 지펴 밥을 지어야 했다. 큰 바가지에 쌀을 붓고 물로 몇 번 헹궜다. 이어 조리질을 한다고 했는데 쌀이 어디로 도망가는지 빈 조리만 헛바퀴를 돌았다.

"니 지금 뭐 하노?"

성철스님의 목소리가 뒤에서 들려왔다. 저녁밥을 짓기 위해 할 줄 모르는 조리질을 하느라 샘가에서 끙끙거리고 있을 때였다. 반가운 마음에 불평 겸 하소연을 했다.

"원주스님이 갑자기 불러내더니만, 오늘 저녁부터 공양주 노릇을 하라고 해서 지금 조리질하고 있심더."

큰스님에 대한 예의는 갖추었지만 목소리엔 불만이 잔뜩 담겨 있었다. 큰스님은 새까만 행자의 그런 마음을 알고 있다는 듯 호탕하게 웃으시며 말씀하셨다.

"하하, 이놈아, 니도 묵고 노는 것이 중인 줄 알았제. 그게 아이고, 혼자 사는 게 중인 기라. 밥할 줄 모르고, 반찬 할 줄 모르고, 빨래할 줄도 모르면 우째 혼자 살겠노. 혼자 사는 법을 배우기 위해서라도 밥하고 반찬 하는 것은 지가 할 줄 알아야제. 그래서 공양주 시키는 것인데 알지도 못하고 불만만 해, 이 나쁜 놈아!"

웃음으로 시작된 말씀은 호통으로 끝났다. 출가하기만 하면 방 주고, 밥 주고, 옷 주고, 그래서 자기 시간만 가지는 편안한 것이 중 생활인 줄 알았는데……. 당시엔 후회스러운 마음이 들기도 했다. 20년 가까운 세월이 흐른 지금도 때때로 '아무것도 모르고 절에 들어왔기에 망정이지, 절 살림살이를 시시콜콜 알았다면 출가를 결심할 수 있었을까?' 하고 자문해보기도 한다.(뒷날 출가할 분들에겐 정말 죄송한 말이다.)

나는 정말 아무것도 모른 채 출가를 했다. 오로지 도를 얻겠다는 마음만 있었을 뿐이다. 더욱이 대구에서만 살아 산중의 생활방식이 전혀 몸에 맞지 않았다. 도끼질을 할 줄 아나, 낫질을 할 줄 아나, 지게를 질 줄을 아나, 모든 것이 서툴 뿐이었다.

그럭저럭 공양주 생활을 익혀가던 어느 날 원주스님이 키를 가지고 왔다. 키질을 해서 쌀에 섞인 지푸라기와 잡동사니를 바람에 털어내고 잔돌을 가려내는 것은 확실히 조리질보다 어려운 기술이었다. 원주스님의 솜씨는 대단했다. 키에다 쌀을 붓고 휙 쳐올리면 쌀이 1m쯤 높이 공중으로 올라가면서 순식간에 지푸라기 같은 가벼운 이물질들이 바람을 타고 다 달아나 버린다.

그러나 나는 10cm도 채 쳐올리지 못했다. 게다가 키질을 잘못하는 바람에 쌀이 밖으로 떨어져 키 안에 있는 쌀보다 마당에 쏟아진 쌀이 더 많았다. 그날도 키질을 엉성하게 하다가 또 쌀을 마당에 쏟았다. 큰스님이 어느새 나타나 쌀을 급히 주워 담고 있는 모습을 물끄러미 바라보고 계셨다.

"니도 어지간히 재주 없는 놈인갑다. 다른 행자들은 얼른얼른 배우는데, 니는 지금 보름이 지나도 우째 그 모양이고. 허 참……."

큰스님이 혀를 차며 방으로 들어가시는데 몸 둘 바를 몰랐다. 큰스님은 내가 모르는 사이에 나를 지켜보고 계셨는가 보았다. "저놈이 제대로 산중 생활에 적응이나 할는지……."

나에게 가장 힘든 일은 바로 큰스님 뵙기가 쉽지 않다는 점이었다. 백련암에 살게 되면 언제라도 큰스님을 만나 이것저것 궁금한 것을 수시로 여쭤볼 수 있을 것이라고 생각했었다. 그런데 행자에게는 그것이 용납되지 않았다.

어쩌다 마당에서 큰스님을 뵈면 간단히 몇 말씀 여쭤볼 수는 있다. 그러나 따로 큰스님을 뵈려면 우선 시자스님을 거쳐야 한다. 시자스님은 왜 스님을 뵈려 하느냐, 무엇을 여쭈려 하느냐, 무슨 급한 일이냐 등등 캐묻게 마련이다. 그때 딱히 '이것 때문'이라고 말할 수 있는 이유를 대기가 쉽지 않았다. '차라리 출가하지 않고 세속에 살다가 궁금한 것이 생기면 큰스님을 찾아와 요긴하게 문답을 주고받는 것이 더 낫지 않았을까' 하는 생각까지 들었다. 스님도 아니고 속인도 아닌 행자 생활은 그렇게 힘든 삶이었다.

행자 생활에서 가장 답답했던 점은 말 상대가 없다는 것이었다. 행자가 공경해야 할 스님들에게 먼저 이야기를 걸 수도 없고, 스님들 또한 행자라는 존재에 전혀 관심도 없다는 듯 아예 말을 걸어오지 않았다. 그렇지만 처음 절 생활을 하는 입장에선 모든 게 엄청 궁금할 수밖에 없었다.

그나마 내 입장에서 가장 얘기를 건네기 쉬운 상대는 나보다 몇 달 먼저 입산한 채공菜供(스님들이 먹을 반찬을 만드는 직책) 행자였다. 출가의 계기를 만들어준 친구 스님도 있었지만 그는 스님이고 나는 행자였다. 친구 스님 역시 나를 불러 위로도 해주고 모르는 것은 가르쳐줄 만도 한데 안면몰수

하다시피 냉담했다.

채공은 행자 중에서도 바쁜 소임이다. 반찬을 보통 서너 가지는 해야 하기 때문에 식사 준비 시간이 되면 칼질하랴, 불 때랴, 나물 볶으랴 매우 바삐 움직였다. 그렇지만 염치 불구하고 나는 끼니때마다 채공에게 쌓였던 질문을 퍼부어댔다. 하루는 채소를 다듬던 채공 행자가 부엌칼을 도마 위에 콱 꽂으며 나지막이 외쳤다.

"한번만 더 물으면 가만두지 않을 거야."

이후로 나는 채공 행자에게도 더 이상 묻지 못했다.

성철스님의 환갑은 나를 무척 답답하게 만들었던 일로 기억된다. 나이 지긋한 여성 신도 한 분이 멀리서 찾아와 성철스님을 뵙고 간 날 저녁이었다. 원주스님이 테플론 섬유로 만든 옷 한 벌씩을 모든 스님에게 나누어주었다. 광목으로 만들어 여기저기 기운 옷을 받아 입고 살면서 '절에선 모두 이런 옷만 입고 사는가 보다' 하고 생각하고 있었는데, 양복감으로 된 새 옷을 나누어주니 어리둥절했다.

그래서 원주스님에게 "왜 이런 새 옷을 주십니꺼?" 하고 물었다. 그런데 나를 더 어리둥절하게 만든 것은 원주스님의 대답이었다.

"옷을 주기는 줬지만 앞으로 절대 입지 마시오."

옷을 주면서 입지 말라니 도대체 무슨 말이냐며 다시 캐물으니 원주스님은 귀찮아하는 눈치이면서도 설명을 해주었다.

"그 행자 참 질기구만. 내일이 큰스님 환갑이라, 스님들 입으라고 신도님이 옷을 해가지고 와서 나누어준 것이오. 그렇지만 내일 그 새 옷을 입고 나가면 큰스님께서 절 밖으로 쫓아낼 터이니, 내가 입으라고 할 때까지 절대 입지 말란 말이오. 알겠소?"

원주스님은 몇 번이고 다짐을 받았다. 그래도 여전히 이해가 되지 않는 구석이 많았다.

'내일이 큰스님 환갑이라면 잔칫상을 준비해야 하지 않는가. 밤이 늦었으니 지금부터라도 서둘러야 할 텐데……. 그런데 여태 환갑잔치를 준비하는 낌새조차 없는 걸 보니 내일 신도들이 한상 잘 장만해 오는가 보다.'

다음날 아침상은 평소와 다르지 않았다. '점심 때 신도들이 잔칫상을 만들어 오려나' 하는 생각에 점심시간을 기다렸다. 하지만 점심도 저녁도 아무런 변화 없이 그렇게 성철스님의 환갑은 지나가 버렸다. 큰스님이라서 굉장한 환갑잔치가 벌어질 줄 알았는데 오히려 평일보다 더 조용하고, 또 뭔가 조용조용 긴장하며 지내는 모습이 잔치와는 거리가 멀었다. 성철스님의 생신은 음력 2월 19일이었다.

나중에야 알게 됐는데, 성철스님은 출가 이후 한번도 생일상을 받은 일이 없다는 것이다. 1950년대 말 큰스님이 대구 팔공산 성전암에 머물 당시 일화가 유명하다. 몇몇 신도가 큰스님 생일을 맞아 과일 등 먹을거리를 한 짐 지고 성전암을 찾았다가 쫓겨났다 한다.

성철스님은 누가 생일 얘기라도 하면 "중이 무신 생일이 있노."라며 꾸짖곤 하셨다. 생일이란 속세의 일, 출가한 승려에겐 이미 끊어진 인연이기에 아무 의미가 없다는 가르침이다. 스님들은 육신을 받아 어머니 뱃속에서 나온 날이 생일이 아니라 출가했으니 '마음을 깨치는 날'이 생일이라고 했다.

도끼에 발등 찍힌 날

　　　　어설픈 행자 시절, 성철스님의 꾸중엔 은근한 사랑과 관심이 담겨 있었기에 누구보다 많은 꾸중을 들으면서도 그럭저럭 지낼 수 있었다. 내가 스님에게 가장 큰 꾸중을 들은 것은 행자가 되고 얼마 지나지 않아서였다.

　지금은 백련암에도 전기가 들어오고 기름보일러 시설이 갖춰져 살림에 큰 불편이 없지만 30년 전엔 전기도 보일러도 없었다. 때문에 땔감 장만은 산중 절간에서 가장 큰 일거리였다. 아침 공양을 마친 스님들이 톱과 낫, 도끼를 들고 산으로 올라가는 것이 일과의 시작이었다. 이른바 산사의 공동 작업인 울력이다. 하지만 나는 워낙 그런 일에 서툰데다 큰 나무가 쓰러지는 소리가 무서워 스님들이 나무하러 가는 데 따라가지 않았다. 그러니 자연히 절에는 성철 스님과 나만 남게 되었다.

나 혼자 좌선한답시고 앉아 있으면 어쩌다 한번씩 큰스님이 문을 열어보곤 하셨다. 며칠간 아무런 말씀이 없기에 '나 혼자 이렇게 방을 지키고 앉아 있어도 되나 보다' 하고 안심하고 있었다. 그러던 어느 날이었다. 여느 때와 달리 문이 요란하게 열리더니 큰스님이 눈을 부릅뜨고 들어오셨다.

"니는 도대체 어떤 놈이고? 가만 보자보자 하니, 다른 대중들은 다 울력 가는데 어제 절에 들어온 놈이 방에 앉아 있어? 당장 일어나 산에 올라가! 대중 울력에 나가란 말이다! 이런 염치없는 놈이 어데 있노. 앞뒤가 꽉 막힌 놈이네."

말도 별로 없고, 간혹 꾸중을 하더라도 짧은 한마디로 끝내던 스님이 평소와 달리 긴 호통을 치셨다. 산중에 산다는 것은 공동생활을 의미하고, 울력이란 수행 공동체를 유지시켜가는 가장 기초적인 노동이다. 하물며 고된 일을 도맡아야 할 행자가 울력에 빠진다는 것은 참으로 당돌한 생각이었다. 나는 당장 그날부터 어설픈 나무꾼이 되어야 했다.

산에서 나무를 잘라 오면 다시 도끼로 패서 부엌 아궁이에 넣기 좋을 만하게 쪼개야 한다. 도끼질이 숙련된 스님들이 한 번 도끼를 휘두를 때마다 참나무 둥치가 쫙쫙 갈라지는 것은 옆에서 보기만 해도 신이 난다. 일이 서툰 나는 스님들이 쪼갠 나무를 주워다 쌓는 일을 주로 했다. 하루는 스님들이 도끼질하는 모습이 어찌나 신나게 보이던지 '나도 한번 해볼까' 하는 마음이 절로 생겼다. 팔뚝만 한 참나무 가지를 하나 세워놓고 도끼를 휘둘렀는데 그만 둥근 나무에 빗맞으면서 도끼가 내 발등으로 떨어졌다. 꿍 하는 소리와 함께 눈앞이 캄캄해졌다. 털썩 주저앉고 말았다. 믿는 도끼에 발등 찍힌다고 했는데, 나는 내 실력을 알기에 믿지도 않았고 또 조심스럽게 내리쳤는데……. 몇몇 스님이 내 발등을 들여다보며 하는 말이 아득하게 들렸다.

"천만다행이네. 도끼날이 무뎠는지, 행자 도끼질 솜씨가 형편없어서 그랬는지 찍기는 찍었는데 터지지는 않았네."

얼마 지난 뒤 정신을 차리고 양말을 벗어 보니 발등에 주먹 만한 혹이 시커멓게 솟아올라 있었고, 발이 욱신거려 일어나기조차 힘들었다. 새까만 행자가 업어달라고 할 수도 없고, 혼자 절뚝거리며 내려와 샘가에서 찬물에 발을 담그고 상처를 주물렀다.

'아무리 그래도 도끼에 발등이 찍혔는데, 아프냐고 물어보는 스님도 하나 없구먼. 참 절집 야속하다.'

섭섭한 마음을 억누르며 한참 주무르고 있으니 통증이

조금씩 가라앉았다. 그때 큰스님이 어느새 나타나 물었다.

"오늘은 또 무신 일이고?"

"아, 아무것도 아닙니다."

"뭐가 아무것도 아이고. 발등에 그 시커먼 혹은 와 생겼노?"

달리 둘러댈 말도 없어서 "도끼로 발등을 찍었심더." 하며 말꼬리를 흐리니 성철 큰스님이 혀를 차시며 한마디 던졌다.

"니는 참 희한한 놈이다."

짧은 핀잔, 그 속에서 큰스님의 걱정하는 정이 묵직하게 느껴졌다.

연등 없는 백련암

       공양주로서 밥 지으랴, 나무 울력 나가랴, 철철이 농사 일 하랴……. 짬짬이 예불하고 참선을 한다고 하지만 몸이 피곤하다 보니 공부가 쉽지 않았다. 아침 먹고 울력, 점심 먹고 울력, 저녁 예불을 마치고 비로소 좌복(좌선할 때 깔고 앉는 큰 방석) 위에 앉으면 몸이 천근만근이다.

  산사의 취침 시간은 저녁 9시, 기상 시간은 새벽 3시다. 처음 출가해서는 저녁 9시에 잘 수가 없었다. 속세에 살 때에는 거의 12시가 넘어서야 자곤 했으니 초저녁에 잠이 올 리가 없었다.

  이리저리 뒹굴다 보면 금방 잠든 것 같은데 새벽 3시 기상종이 울린다. 억지로 일어나 눈을 비비며 세수하러 나오면 벌써 큰스님 방에선 우렁찬 백팔배 예불 소리가 울려 퍼지고 있었다.

"대자대비 민중생, 대희대사……."

큰스님의 염불 소리에 덜 깬 잠이 화들짝 달아나곤 했다. 그렇게 아침 예불을 올리고 하루를 시작하니 낮에는 잠이 그렁그렁 고였고, 심할 때는 연신 하품만 하는 날도 많았다. 그렇다고 행자가 뒷방에서 낮잠을 잔다는 것은 생각할 수도 없는 일이었다.

"행자가 낮잠 자다 큰스님께 걸리면 당장 그날로 보따리를 싸야 한다."는 원주스님의 공갈 아닌 공갈이 있었기에 낮잠은 꿈도 못 꾸었다. 책상 앞이나 좌복 위에서 조는 것이 고작이었.

그런 가운데 출가하고 처음으로 '부처님 오신 날'을 맞았다. 절에서는 가장 큰 잔칫날이다. 보통 연등 준비로 한창 분주할 텐데 백련암에서는 전혀 그런 모습을 볼 수 없었다. 너무나 궁금해 원주스님에게 묻지 않을 수 없었다.

"왜 백련암은 4월 초파일에 등 달 준비를 하지 않습니꺼?"
"등을 달지 않는 것이 큰스님 뜻이니까!"

도무지 이해가 되질 않았다. 그렇다고 또 꼬치꼬치 캐물을 수도 없었다. 사실 연등을 다는 것은 축원의 의미와 함께 시주의 의미가 적지 않다. 그런데 성철스님은 웬일인지 백련암에 연등을 달지 못하게 했다. 연등을 꼭 달겠다는 사람이 있으면 큰절에 가서 달라며 내려보내곤 했다. 연등을 달고자 하는 신도들의 불심은 이해하면서도 자신이 거처하는 암자에 연등을 즐비하게 달아놓는 것은 꺼린 탓이다. 그런 큰스님의 뜻에 따라 요즘도 백련암엔 연등을 달지 않는다.

부처님 오신 날 당일, 원주스님은 나와 채공 행자 두 사람을 불러 이렇게 말씀하셨다.

"오늘은 초파일이고, 그동안 두 행자가 고생도 많았으니 큰절에 가서 초파일 풍경이나 둘러보며 좀 쉬고 오시오."

큰절에 내려가니 줄줄이 수천 개의 등이 걸리고 참배하는 신도들이 북적거리고 있었다. 우리는 남의 집 일인 양 여기저기 몇 번 기웃거리다가 백련암으로 돌아왔다. 나는 백련암으로 오르는 오솔길로 접어들면서 뒤따라오는 채공 행자에게 또 이것저것 궁금한 것들을 쉴 새 없이 묻기 시작했다. 뒤돌아보고 걸으면서 한참 말을 걸고 있는데, 갑자기 채공 행자가 손가락질을 하며 소리쳤다.

"공양주 행자 앞에 뱀……."

고개를 돌리며 "어디?"라고 묻는 순간 내딛던 발밑이 뭉클하고 뭔가가 밟혔다. 동시에 발등이 따끔했다. 깜짝 놀라 아이쿠 하면서 제자리에서 양 발을 서로 엇바꾸며 동동거렸다. 발을 감고 있던 서늘한 무엇이 풀리는 기분이었다.

뒤에서 그 광경을 바라보던 채공 행자가 쫓아와 방금 독사가 물고 갔으니 빨리 양말을 벗고 독을 빨아내야 한다며 독촉했다. 물린 발의 양말을 벗어 보니 뱀 이빨 자국이 세 군데나 선명하게 나 있었다. 채공 행자는 독사가 틀림없다면서 이빨 자국에 자기의 입을 갖다 대고 열심히 빨기 시작했다.

"세상에, 우째 나한테 이런 일이……."

도시를 떠나 산에 살게 되면서 내심 걱정이 많았었다. 뱀에 물리지 않을까, 큰 짐승이 나타나지 않을까, 옻나무가 많은데 옻이나 오르지 않을까 등등 모든 것이 걱정거리였다. 그런데 오솔길을 가면서 뒤를 돌아보고 물어보는 사이에 기어이 뱀에게 물리고 만 것이다.

허벅지 위를 허리띠로 묶고 산 아래 약국으로 내려갔다. 약사가 뱀에 물리는 순간 눈앞이 캄캄하더냐고 물었다. "그렇게 캄캄하고 아득한 느낌은 없었다."고 하자 "그러면 독사가 아니니 안심하라."고 했다. 크게 가슴을 쓸어내렸다. 나는 이빨 자국 난 곳에 소독약을 바른 후 다시 백련암으로 올라왔다.

그런데 정작 뱀에 물린 나는 괜찮은데 입으로 독을 빨아

낸 채 공행자의 입 주위에 오톨도톨한 물집이 생겨나기 시작했다. 아무리 독사가 아니라 해도 독성분이 있었나 보다 싶어 여간 미안하지 않았다. 하지만 사흘 정도 지나니 물집은 사라졌다.

뱀에 물려서가 아니라 나는 큰절에 내려가는 것이 별로 즐겁지 않았다. 무엇보다 곤란한 것은 동자스님을 대하는 일이었다. 아무리 어린 동자스님이라도 나보다 먼저 절에 들어왔으니 선배 스님이다. 서른이 다 된 행자지만 허리 굽혀 동자스님들에게 절을 해야 했다.

"큰절에 가면 나이가 아무리 어려도 스님들이니 행자는 허리를 90도로 팍 꺾어 절을 해야 해요. 그렇지 않으면 큰절 스님들이 가만두지 않을 거요. 스님이 보이면 노인이건 어리건 무조건 절부터 하는 것을 잊지 마시오."

원주스님이 큰절에 내려 보내면서 항상 잊지 않는 당부 겸 공갈 겸 다짐이다. 아무리 그래도 말이 쉬워 90도로 절하기지, 막상 막내 동생이나 조카쯤 되는 어린 스님을 보면 도저히 허리가 굽혀지지 않았다. 엉거주춤하는 사이 어린 스님들이 지나가며 째려보는 품이 영 심상치 않았다. 한참을 다짐하고 진짜 허리를 90도로 꺾어 동자스님에게 겨우 절을 했는데 아무래도 어색했다.

시줏돈과 팁

사찰의 부엌살림은 대개 공양주와 채공이 맡아 꾸려간다. 밥은 한 가지지만 반찬은 여러 가지인지라 채공이 더 힘이 들게 마련이다. 그러나 대부분의 신도들은 공양주에게 인사를 차린다. 법당 부처님께 올리는 마지(밥)를 공양주가 불기佛器에 소담스럽게 담아 건네주기 때문이다.

공양주였던 나는 신도들이 "감사합니다."라고 인사할 때마다 채공 행자를 한 번 힐끗 쳐다보며 민망스러워했다. 그런데 한번은 어느 여자 신도가 돈을 쥐어주었다.

"공양주 행자님, 수고 많으십니다. 이거 얼마 안 되는데 연필이라도 사 쓰십시오."

난생처음 돈을 받았다. 얼떨결에 받았지만 곧 "저는 돈 같은 거 필요 없심더." 하며 되돌려 주었다. 주거니받거니 하다가 여신도는 부뚜막에 500원을 놓고는 이내 나가버렸다.

당시 대학생 하숙비가 2,000~3,000원 했으니, 500원을 지금 돈 가치로 환산하면 대략 5만 원쯤 될 것이다. 부뚜막에 놓인 500원을 바라보는 심정이 참으로 묘했다.

'얼마 전까지만 해도 내가 팁을 줬는데, 이제는 내가 팁을 받는 신세가 되었구나.'

돈을 보고 고맙다는 생각보다 왜 팁이라며 자조했는지 지금 생각하면 고소를 금치 못할 일이지만, 당시 심정은 정말 서글펐다. 절에서는 실제로 돈을 쓸 일도 없고, 어디에 써야 하는지도 몰라 원주스님을 찾아가 돈을 내밀었다.

"어떤 보살이 팁 500원 놓고 갔심더."

원주스님의 얼굴이 붉으락푸르락하며 험상궂어졌다. 뭐라고 야단치려다가 마는 듯했다. 나는 속으로 '절에 들어와 하도 실수를 많이 하니까 완전히 낙인이 찍혔나 보네' 하며 섭섭한 마음을 달랬다. 아니나 다를까, 얼마 뒤 성철스님이 호출한다는 전갈이 왔다. 또 야단을 맞나 보다 하며 숨을 크게 몰아쉬었다. 마음을 굳게 먹고 방문을 열고 들어가 큰스님 앞에 꿇어앉았다.

"이놈아, 팁이란 말이 뭐꼬?"

원주스님이 오만상을 찌푸리더니만 스님께 이른 모양이었다.

"세속에서 음식점 같은 데서 음식을 먹고 나면 감사하다는 뜻으로 종업원에게 주는 잔돈을 팁이라고 합니더."

말 그대로 낱말 풀이만 했다.

"인마, 그런 게 팁이라는 거 몰라서 묻는 줄 아나. 이 쌍놈아!"

큰스님의 등등한 노기에 아무 말 못하고 머리를 푹 숙이고 있었다.

"팁 받는 주제에 꼴 좋다. 이놈아, 그 돈은 팁이 아니라 시줏돈이다 시줏돈. 신도가 니한테 수고했다고 팁 준 것이 아니라, 스님이 도 닦는 데 쓰라고 시주한 돈이란 말이다. 그걸 팁이라고 똑똑한 체하니 저거 언제 속물이 빠질란고……, 허어 참."

큰스님은 어이가 없다는 듯 혀를 끌끌 찼다.

"절에 있으면 더러 신도들이 시주랍시고 너거들한테 돈을 주고 가는 모양인데, 그건 너거 개인 돈이 아니라 절에 들어온 시주물이데이. 그러니 원주에게 줘 공동으로 써야 하는 것인 기라. 그리고 시주물 받기를 독화살 피하듯 하라는 옛 스님의 간곡한 말씀이 있으니 앞으로 명심하고 살아야 한데이. 이놈, 오늘 팁 받아서 니 주머니에 넣었다면 당장 내쫓았을 긴데……."

　큰스님의 긴 꾸중, 그 마지막 대목을 들으면서 '오늘은 진짜로 운 좋은 날'이라며 가슴을 쓸어 내렸다. 팁이라 생각하고 서러운 마음에 돈을 원주스님에게 갖다 주었기에 망정이지, 무심코 호주머니에 넣고 내 돈이라 생각했더라면 큰일 날 뻔했다. 내가 받은 첫 시줏돈은 그렇게 큰스님의 가르침과 함께 내 마음속에 자리잡고 있다. 큰스님은 스스로의 마음을 다지며 썼던 발원문에서도 시주물에 대한 경계심을 강조하셨다.

　"시주물은 독화살인 듯 피하고, 부귀와 영화는 원수 보듯 경계하라."

내 이빨 물어줄래?

어느 날 중년의 스님 한 분이 백련암을 찾아왔다. 점심시간이 지났는데, 먼 길 오느라 끼니를 거른 스님께 밥상을 차려드리라는 원주스님의 명에 따라 내가 상을 봐드렸다. 10여 분쯤 지났을 무렵, 그 중년 스님이 마루로 뛰어나와 고함을 질렀다.

"이 절 공양주가 누구야? 당장 이리 와!"

나는 영문도 모르고 달려가 "제가 공양줍니다." 하며 공손히 반절을 했다. 스님은 손에 들고 있던 종이 뭉치를 내 발 쪽으로 내동댕이치면서 노발대발이다.

"내 이빨 물어내, 이놈아!"

종이 뭉치에 싸인 밥알이 마당에 흩어졌다. 밥에 든 돌을 씹은 것이다. 서러움이 뱃속 깊은 곳에서 응어리지며 솟아올랐다. 그동안 고달팠던 기억이 파노라마처럼 떠오르며 뜨거운 눈물이 주르륵 흘렀다.

'도시 놈이 절 생활에 익숙해지려고 무척이나 참고 부단히 애써왔는데, 고개 숙인 뺨에 씹은 밥알이 튀어오르다니······.'

굵은 눈물을 떨구며 우두커니 서 있었다. 옆에서 지켜보던 한 스님이 다가와 내 어깨를 두드리며 "저 스님 성질이 워낙 급한 분이라 그렇다. 이해하라."며 위로해주었다. 복받치는 감정인지라 위로의 말에 설움이 더했다. 나를 성철스님과 처음 만나게 해주었던 친구 스님이 보다 못해 내 손을 끌고 방으로 들어갔다.

"옆에서 보니 참을 만큼 참고 왔는데 그런 추태를 보이노?"

위로 겸 질책이었다. 곰곰이 생각해 보니 그랬다. 행자로서 이미 자존심 같은 거 버린 지 오래지 않은가. 그렇게 마음을 삭이고 있는데 아까 그 스님이 다시 찾았다.

설움을 많이 삭인 터라 먼저 사과를 드렸다. 그랬더니 그 스님이 오히려 야단쳐서 미안하다며 사과를 했다. 스님은 이어 "니가 참선한다고 하니, 내가 상기병(기가 머리로 쏠려 생기는 두통) 막는 체조를 가르쳐 주지." 하며 선 체조를 가르쳐 주었다. 스님은 땀을 뻘뻘 흘리며 가르치는데, 나는 마음이 안정되지 않았으니 그저 스님을 따라 시늉만 할 뿐이었다.

당시 그 선 체조를 배워 익히지 못함을 나중에 크게 후회했다. 그때는 상기병이 무엇인지도 모르고 지냈지만 나중에 참선하던 중 바로 그 병 때문에 많은 고생을 했기 때문이다. 그날 저녁 예불이 끝나고 큰스님이 찾으신다고 원주스님이 일러 주었다.

"낮에 무슨 일이 있었다고?"

묵묵히 있으니 불호령이 떨어졌다.

"이놈아! 억울하면 산천이 떠나가게 실컷 한번 울어보지 그랬나? 무슨 일이 있었는지 한번 말해봐라."

불같은 재촉에 낮에 있었던 일을 간략하게 설명했다.

"그래, 이빨 물어줬나?"

큰스님의 엉뚱한 질문에 할 말이 없었다.

"그래, 이빨 물어줬냐고 묻는다 아이가. 와 대답을 안 하노?"

무슨 대답을 이끌어내려고 낚싯줄을 드리우는 것 같기도 하고, 또 뭔가 위로의 말을 해주실 것도 같아 용기를 냈다. 오늘의 심경을 솔직히 털어놓기로 하였다.

"이빨은 못 물어줬습니다. 그렇지만 백련암 와서 반 년 넘게 행자 생활을 한 중에서 오늘 제일 마음이 서러웠습니다. 절 생활을 익히지 못해 주변 스님들을 불편하게 하고……. 여기서 절 생활을 그만하고 하산해야 되지 않겠나, 오후 내내 그 생각만 하고 있었습니다."

분명 야단맞을 줄 알았는데, 큰스님은 한참 뚫어지게 바라보았다.

"그러면 내 이빨은 어떻게 물어줄래? 이놈아, 나도 니 밥 먹기가 얼마나 힘든지 아나? 니가 내 이빨 물어주려면, 도망치려고 할 것이 아니라 백련암에 살면서 내한테 그 빚을 갚아야제. 안 그러나! 니 생각은 우짠데?"

나는 그제야 비로소 알았다. 그동안 큰스님께서도 나의 돌이 든 공양을 더러 잡수셨다는 것을. 그 사실을 이제 뒤늦게 알고 나니 정말 쥐구멍에라도 들어가고 싶었다. 그렇게 생각하니 낮의 설움이나 회한 같은 것도 말끔히 씻겨져버렸다.

"공양주 열심히 하겠습니다."

이 대목에서 한마디 덧붙이고 싶다. 그때는 '내 고생만 고생이다' 싶은 생각에 주위를 둘러볼 여유가 없었다. 큰스님께서 떠나신 지 23년이 되어가는 이즈음이 되어 이 대목을 읽으니 마음이 더욱 아려 온다. 그러니 행자가 바뀔 때마다 큰스님께 올리는 점심, 저녁 공양은 새로운 공양주 몫이니 익숙해질 때까지 죽밥이거나 설익은 밥이거나 돌이 든 밥이거나 큰스님께서도 우리와 같이 선택의 여지없이 행자가 바뀔 때마다 행자가 지은 선밥의 진지를 드셨구나 하는 생각이 밀려들면서 송구스럽고 죄송스러운 마음뿐이다. 밖에서는 종단의 큰어른 종정이시니 큰 대접 받으시고 좋은 옷, 좋은 음식만을 드셨겠거니 생각할 텐데 말이다.

생산의 기쁨, 노동의 보람

　　　　　　백련암은 '시주물은 독화살인 듯 피하라'는 성철스님의 가르침에 따라 가능한 한 자급자족하는 살림을 지향했다. 그러다 보니 울력이 많아 힘도 들었지만, 한 철을 지내면서 도시에선 느끼기 힘든 생산의 기쁨을 직접 맛보는 재미도 적지 않았다.

　지금도 눈에 선한 것은 감자 수확이다. 감자는 초봄에 씨눈을 심어 7월이면 수확을 한다. 4월 초 어느 저녁 원주스님이 감자 씨눈을 따야 한다며 두 가마니쯤 되는 감자를 방바닥에 풀어놓았다.

　스님들이 작은 칼을 들고 감자를 조각내고 있었다. 원주스님은 감자 씨눈 따는 법을 가르쳐주지도 않고, 또 물으면 옆에 스님들 하는 것 보면 모르냐며 핀잔만 주었기 때문에 그냥 대충 눈짐작으로 감자를 1~2cm 간격으로 납작하게 베어갔다. 작업을 하면서 떠들고 웃다 보니 성철스님 처소까지 소리가 울렸나 보다. 큰스님께서 방문을 열고 들어오셨다.

"너거 뭐 하는데 그리 시끄럽노. 아, 벌써 감자 심을 때 됐나. 감자 씨눈 따고 있구만."

큰스님은 금방 노여움을 거두고 작업 중인 제자들의 모습을 쭉 둘러보셨다. 아니나 다를까, 내가 작업해놓은 곳에 눈을 멈추시더니 크게 한마디 하셨다.

"야, 인마! 니, 감자씨 따논 거 한번 들어봐라."

납작하게 저며놓은 감자를 집어 올려 큰스님 앞에 내보였다.

"니 한 거하고 남 한 거하고 비교해봐라."

내 눈에는 뭐가 다른지 분간이 되지 않아 머뭇거리고 있었다.

"원명아, 저 바보 대구 놈한테 감자 씨눈 따는 거 좀 가르쳐줘라. 그놈, 딱하기는 참."

그러고는 큰스님은 혀를 끌끌 차며 나갔다. 나중에 알고 보니 감자 표면에 움푹 들어간 곳이 있는데, 그곳에 씨눈이 붙어 있었던 것이다. 원래 그 씨눈을 중심으로 하여 아래 위로 대략 삼각형 모양으로 살을 두껍게 잘라내는 것이 씨눈 따는 법인데, 나는 씨눈을 무시하고 저며놓았으니 오히려 씨눈을 작살 낸 꼴이었다.

그 일이 있고 난 뒤 며칠 지나 백련암 앞 텃밭에 감자 씨눈을 심었다. 골을 내고 30cm 간격으로 씨눈을 뿌린 뒤 그 위에 흙을 붕긋하게 덮어주는 것으로 울력이 끝났다. 봄볕이 한창이라 산중에 진달래가 만발해 온 산이 말 그대로 울긋불긋하던 무렵이었다.

마냥 피곤하던 울력이 노동의 기쁨과 보람으로 바뀐 것은 7월 초 감자 수확 때였다. 묻혀 있는 감자에 상처가 나지 않게 고랑 깊이 호미를 넣어 긁어냈다. 그러면 흙더미 사이로 미끈하고 허연 감자가 쑥쑥, 주렁주렁 올라온다. 큰 놈은 주먹만 했고 작은 놈은 메추리알같이 작았다. 감자 씨눈 딸 때는 야단맞았지만 영근 감자를 캐 올리니 신바람이 났다.

큰스님이 나를 놀라게 한 것은 감자 추수 직후였다. 김장용 배추와 무를 심기 위해 텃밭을 삽으로 갈아엎는 작업이 한창이었다. 서투른 삽질에 정신이 없는데 큰스님이 내려와 지켜보고 있었다. 나는 무심코 옆의 스님에게 "수군포(삽)

좀 주이소."라고 말했다. 이 말을 들은 큰스님이 물었다.

"이놈아, 니 수군포라는 말이 왜 생겼는지 아나?"

"대구서는 삽을 그냥 수군포라고 합니다."

큰스님이 답답하다는 듯 다시 물었다.

"글쎄! 왜 그 말이 생겼는지 아냔 말이다."

대구 사투리려니 생각하고 있던 터에 할 말이 없어 멍하니 눈만 굴리고 있는데 큰스님이 빙그레 웃었다.

"인마! 영어로 삽을 스쿠프(scoop)라 하지 않나. 그거를 혀 짧은 일본놈들이 수구포, 수구포 하니까 경상도 사람들이 뭣도 모르고 수군포, 수군포 한 거 아이가."

수군포의 어원이 영어임을 그때 처음으로 알았다.

'큰스님은 영어까지 아시는가?'

나는 그때까지 큰스님을 몰라도 너무 몰랐던 것이다.

공양주에서 시찬으로

　　　　　큰절에 이어 어지간한 암자까지 다니며 계를 받았다고 인사를 하고 백련암으로 돌아와 마지막으로 성철스님께 인사했다. "오냐." 하며 절을 받는 큰스님의 얼굴이 활짝 펴 있었다.

"탈도 많고 흠도 많더니만……. 그래도 장삼 입고 이제 중 됐네. 내 시키는 대로 중노릇 잘하거래이."

큰스님의 격려에 온종일 돌아다니며 쌓인 피로가 한꺼번에 풀리는 듯했다. '나도 이제 스님이 됐구나' 하는 기쁨에 공양주 노릇도 신바람이 날 지경이었다. 계를 받고 일주일가량 지난 어느 날 원주스님이 불렀다.

"큰스님께서 공양주 소임은 끝내고 시찬 소임을 맡기라

하셨으니 이리 따라오소."

원주스님이 나를 석실로 데려 갔다. 지금은 없어졌지만, 당시 석실은 10여 평 남짓한 돌로 만든 반지하 공간으로 큰스님의 반찬을 만드는 주방으로 쓰이고 있었다.

별도의 공간까지 마련한 것은 무염식을 하는 성철스님의 반찬을 따로 만들어야 했기 때문이다. '공양주만 마치면 좀 편히 살겠지'라고 생각했는데, 공양주보다 훨씬 까다로운 시찬 소임이 떨어진 것이다. 석실로 가는 발걸음이 떨어지질 않았다.

그날 저녁 예불 후에 원주스님이 사중 스님들을 소집했다.

"행자가 계도 받고 스님이 되어 공양주 소임도 끝나고 이제 큰스님 시찬 소임으로 가게 되었으니, 다른 스님들에게 알릴 겸 잠깐 다과회를 갖습니다."

간단한 과일과 과자가 나왔다. 성철스님에게 계를 받은 스님들 중 맏이인 맏사형師兄(같은 스승에게 배운 스님 중 선배)부터 한마디씩 했다. 맏사형 천제스님은 1950년대 초 성철스님이 천제굴闡提窟이란 토굴에서 참선하던 중 거둔 제자라 이름을 '천제'라 지었다.

"내가 수십 년 동안 절 생활을 해왔는데, 이번처럼 밥 못 하는 행자는 처음 봤네. 우째 그리 고두밥만 해대는지, 안 그래도 위가 좋지 않아 푹 퍼진 밥을 먹어야 하는데 선밥만 들어오니 영 힘들어서……."

천제스님에 이어 다른 사형들 역시 처음부터 끝까지 잘난 공양주 덕에 어지간히 배를 곯았다는 얘기들뿐이었다. 내심 '엉터리 공양주의 공양을 잘 참아주었구나' 하는 감사의 마음이 일었다.

성철스님의 밥상은 아주 간단했다. 무염식이니 간 맞추려고 어렵게 고생할 필요가 없었다. 드시는 반찬이라곤 쑥갓 대여섯 줄기, 2~3mm 두께로 썬 당근 다섯 조각, 검은콩 자반 한 숟가락 반이 전부다. 그리고 감자와 당근을 채썰어 끓이는 국과 어린아이 밥공기만 한 그릇에 담은 밥이 큰스님 한 끼 공양이다. 아침 공양은 밥 대신 흰죽 반 그릇으로 대신했다.

반찬이 간단하긴 하지만 워낙 서툰 솜씨라 그나마 손에 익기까지는 한 달 이상의 시간이 필요했다. 흰죽 쑤는 것만 해도 그렇다. 아침에 죽을 끓이기 위해 저녁에 너덧 숟가락 양의 쌀을 씻는다. 밤새 쌀을 불렸다가 아침 조리할 때 물을 따라낸다. 냄비에 참기름 한 숟가락을 두르고 쌀을 넣어 볶는다. 참기름이 쌀에 다 흡수됐다 싶으면 물을 부어 죽을 쑤면 된다.

처음엔 그것도 쉽지 않았다. 쌀은 죽이 되게 퍼졌는데, 쌀에 다 흡수되었다 싶던 참기름이 다시 다 묻어나와 방울방울 검게 떠 냄비 속을 제 세상인 양 돌아다니곤 했다. 그런 죽을 밥상에 올려 큰스님께 갖다 드리려니 마치 소가 도살장 가는 기분이었다.

아무래도 안 되겠다 싶어 원주스님한테 죽 끓이는 방법을 물어 연습을 했다. 비결은 참기름에 쌀이 노릇노릇할 때까지 잘 볶는 것이다. 보름쯤 지나자 참기름이 뜨지 않고 하얀 국물만 도는 죽을 끓일 수 있게 되었다. 당근이나 감자를 2mm 두께로 써는 연습을 하다가 손가락을 벤 것도 한두 번이 아니었다.

서툰 솜씨로 차린 엉터리 밥상을 받고서도 큰스님은 아무 말씀 없이 깨끗이 그릇을 비우셨다.

엉터리 솜씨에도 불구하고 큰스님이 아무 말씀을 안 하시니 '그럭저럭 자리를 잡아가나 보다' 하고 스스로 생각하던 무렵이었다.

그날도 잘 차리지 못한 밥상을 방으로 들고 갔다. 큰스님이 밥상을 앞에 두고 한참 바라보시더니 답답하다는 듯 한마디 하셨다.

"인마! 니 솜씨 없는 거는 내가 이미 다 알고 있제. 그건 그렇고 내가 니 때문에 배 터져 죽겠다. 이놈아! 이제 좀 잘 할 때도 안 됐나. 우째 그리 사람이 성의가 없노. 이놈아!"

나 스스로도 시찬 노릇을 잘한다고 생각해본 적은 없지만 빨리 칼질에 익숙해지기 위해 나름대로 손가락도 베고 손톱도 날리면서 최선을 다했다. 그런데 기어이 사단이 나고 만 것이다. 아무 말도 못하고 얼굴만 붉힌 채 물러 나왔다.

"니 때문에 배 터져 죽겠다"라고 말씀하신 이유는 엉터리 칼솜씨로 처음은 2mm 두께로 시작되는데 끝은 5mm 가까이 두껍게 썰리니 감자와 당근의 양이 그만큼 늘어난 것이다. 평생 굶어 죽지 않을 정도만 먹는다는 소식을 실천해 온 큰스님이니 그 정도의 차이에도 속이 부담스러울 수밖에 없었던 것이다. 콩자반 만들기도 그랬다. 큰 검은 콩이 아닌 작은 검은 콩은 서묵태라 하는데 한 숟갈 반을 삶아서 참기름 넣어서 만들어야 하는데 아무리 정성스럽게 해도 콩껍질이 홀랑홀랑 벗겨져서 모양이 말이 아니다. 그래도 어쩔 수 없이 그냥 올려드려야 했으니 큰스님 앞에서 마음 불편하기가 어떠했겠는가?

결국 정성과 함께 시간이 필요한 일이었다. 한 달쯤 지나니 아침 흰죽도 제법 끓여지고 콩자반도 껍질이 벗겨지지 않은 제대로 된 콩자반을 만들 수 있게 되었다. 또한 옆에 있는 사람과 이야기하면서도 감자와 당근을 3mm 두께로 일정하게 썰 수 있는 실력이 쌓였다. 솜씨가 잡혀가니 큰스님 공양상 들고 가는 발걸음도 가벼워졌다.

"이제는 좀 살 것 같다. 니놈 때문에 내 배 터져 죽는 줄 알았다."

칭찬을 거의 하지 않는 큰스님의 말을 귓전으로 들으며 비로소 안도의 한숨을 내쉬었다. 그런데 시찬의 임무는 반찬 마련에만 그치는 것이 아니다. 방 청소도 해야 하고 목욕날이면 등도 밀어드려야 했다.

큰스님 방에 가재도구라곤 앉은책상 하나, 의자 하나, 요와 이불 그리고 좌복 하나가 전부였다. 방 청소는 힘들 것이 없었다. 그러나 방 청소를 마치고 나면 꼭 다시 불려가곤 했다.

"이놈아, 니 맘대로 여기저기 놔두고 가면 청소 끝이가?"

나는 분명히 큰스님이 놓아둔 그 자리에 그대로 다시 놓고 나왔다고 생각했는데 큰스님은 늘 야단을 치셨다. 꾸중을 듣고 돌아서면서도 이해가 되지 않았다.

"분명히 큰스님이 놓아둔 그 자리에 놓았는데……."

정말 내 눈대중으론 풀리지 않는 수수께끼였다. 큰스님 말씀에 따르면 좌복이 그 자리에 있기는 한데 뒤집어져 있고, 요도 거꾸로 개어놓았고, 책상 위에 있는 향로도 방향이 틀리다는 등 죄목이 많았다. 가정집 이불이나 요는 앞뒤가 다르니 금방 구분이 되지만 절집의 경우 요나 이불, 좌복까지 모두 안팎 없이 먹물이니 전후좌우를 분별하기가 쉽지 않다.

그러나 큰스님은 매사에 엄격해 물건들이 그 자리에서 몇 cm만 물러나 있어도 용서가 없었다. 간단해 보이는 청소도 여간 신경 쓰이는 일이 아니었다. 매사를 그렇게 빈틈없이 지내니 우리 같은 초보자들이야 하루 내내 긴장 속에서 살아야만 했다.

목욕도 그랬다. 지금은 마을마다 길이 나고 기름보일러다, 심야 전기다 해서 편하게 물을 쓰고 하루에도 몇 번씩 샤워하면서 사는 절집이 됐다. 그러나 30여 년 전 산사에선 장작불로 물을 데워야만 목욕을 할 수 있었다. 목욕탕도 따로 없어 조그만 방 같은 곳에 한 사람 겨우 들어갈 만한 사각형 탕을 만들어놓고 뜨거운 물을 채워서 목욕을 했다. 그리고 때때로 더운 물을 부어가며 온도를 맞추었다.

보름에 한 번 꼴로 날을 잡아 큰스님부터 차례대로 목욕을 했는데, 스님 대여섯 명에 불과하지만 번갈아 목욕을 다 마치다 보면 꼬박 하루가 걸렸다.

큰스님의 장난기

　　　　　목욕하는 날, 가장 먼저 목욕을 하는 큰스님의 목욕물을 준비하는 것도 시찬인 나의 일이었다. 그런데 시찬을 막 시작한 나를 곤혹스럽게 만든 것은 안경이었다. 뜨거운 물을 부어 온도를 맞춘 목욕탕에 들어가니 안경에 김이 잔뜩 서려 어디가 어딘지 분간할 수가 없었다. 큰스님은 벌써 몸을 불리셨는지 목욕탕으로 들어서는 나를 보자마자 등을 밀라고 하셨다. 앞뒤 보이지 않는 가운데 더듬더듬 등을 찾는데 등이 아니라 머리였던 모양이다.

"이 자슥이, 등도 모리나!"

아버지 등 한번 밀어본 경험이 없는 솜씨니 잔뜩 힘을 줘 밀면 "아이구, 이놈아. 따갑다. 좀 살살 딜어라." 하는 호통을 들고, 살살 닦으면 "이놈아. 그래 가지고는 때가 웃겠다. 좀 세게 해봐라."라는 호통을 들어야 했다. 큰스님은 비누질을 거의 하지 않는다. 세수할 때도 비누질은 잘하지 않았다. 그러니 목욕 시간이 길 것도 없는데, 시찬 입장에선 한바탕 전쟁을 치르는 것이다. 그렇게 서투른 수발을 받는 것도 힘든지 세 번째 목욕하던 날 큰스님이 손사래를 쳤다.

"이놈아, 니하고는 싸움 더 못하겠다. 대구놈 원명이 불러라!"

단 세 번 만에 큰스님의 등 밀어드리는 소임은 끝이 났다. 그래도 목욕하고 난 큰스님의 빨랫감을 챙기는 것은 여전히 내 몫이었다. 큰스님은 목욕하고 기분이 좋은 날엔 배를 내놓고 당신의 건강을 자랑하는 천진한 모습을 보이기도 했다.

"나이 많은 어떤 스님은 뱃가죽이 쪼글쪼글한데 내 배 좀 봐라. 주름 하나 없이 탱글탱글하제? 이놈아, 니도 배 한번 내놔 봐라. 니가 탱글한지, 내가 탱글한지 한번 보자."

정말 배를 내놓아야 할지 말아야 할지 몰라 멀뚱거리고 있었다.

"뭐 하고 서 있노. 빨리 배 내봐라!"

마지못해 배를 드러내니 큰스님은 번갈아보시며 독촉했다.

"니 어떻게 생각하노. 누가 더 배가 탱글탱글한지. 얘기해봐라."

뭐라고 답하기도 그렇고 해서 망설이다가 그냥 둘러댔다.

"큰스님 배가 더 탱글탱글한 것 같심더."

"그 자슥, 거짓말도 잘하네. 아무리 그래도 젊은 놈 배만 하겠나."

정작 말씀은 그렇게 하시면서도 큰스님은 자신의 배에 주름살이 없는 것을 자랑스러워하셨다. 실제로 큰스님은 환갑의 연세에도 소식에 비하면 무척 건강하신 셈이었다.

언젠가 큰스님을 따라 큰절에 갔다 백련암으로 돌아오는 길이었다. 오르막인데도 큰스님의 발걸음이 어찌나 빠른지 헉헉대며 뒤를 따라야 했다. 그런데 큰스님의 발걸음이 점점 더 빨라지는 것 아닌가. 허둥지둥 따라가느라 정신이 없는데, 앞서 가던 큰스님이 걸음을 늦추었다. 겨우 따라붙자 큰스님이 불쑥 뒤돌아보며 웃었다.

"니, 내 못 따라오겠제?"

큰스님이 일부러 걸음을 빨리해 평소 산길에서 걸음이 둔한 나를 골려주려고 한 것이었다. 그리고 은근히 산길에서의 당신의 빠른 걸음을 자랑하고 싶어하는 마음도 있으신 듯했다.

장난스런 모습도 있지만 큰스님의 본모습은 역시 무서운 호령 소리에 있다. 하루는 밥상을 물리는데 조그만 가위가 상 위에 놓여 있었다. 아무런 설명도 없으니 용도를 짐작하기 힘들었다. 그때 마침 이런 생각이 떠올랐다.

 '내 콧수염이 콧구멍 밖으로 볼썽사납게 나왔는데, 이 가위로 내 콧수염을 자르면 되겠다.'

 그러고는 무심코 마루에서 거울을 보며 콧수염을 자르고 있는데, 큰스님이 방을 나서다가 그 모습을 봤다.

 "니 지금 뭐 하노, 이놈!"

 큰스님이 성큼성큼 다가오더니 느닷없이 뺨을 한 대 갈겼다. 뭐라 변명할 사이도 없이 뺨을 한 대 맞고 어쩔 줄 몰라 하는데 큰스님의 호령이 이어졌다.

 "이놈 봐라. 내가 가위를 삶아서 소독해서 가져오라고 내놓았는데, 아무 소식이 없더니 지 콧수염이나 깎고 있어! 이 나쁜 놈! 원주야, 이놈 당장 쫓아버려라!"

 콧수염을 깎으면서도 어쩐지 이것이 아니다 싶었다. 그러더니 기어이 탈이 나고 말았다. 대중스님들도 뻔한 그것 하나 눈치채지 못해 저 야단을 맞는가 하는 안쓰러운 얼굴로 쳐다보는데 참으로 난감하고 미안했다. 그래도 어쩔 것인가?

나는 얼른 석실로 내려와 말씀대로 작은 가위를 푹 삶았다. 그러고는 큰스님에게 갖다 드려야만 하는데 걸음이 떨어지지 않아 원주스님께 대신 좀 갖다 드려 달라고 부탁을 했다. 하지만 원주스님은 시찬스님이 갖다 드리지 왜 내가 갖다 드리냐며 단호히 거절했다. 그때 원주스님이 참 야속하게 느껴졌다.

'진작 큰스님 콧수염 깎는 가위니 삶아드리면 된다고 연통만 주었던들 오늘 이런 일은 없었을 텐데……'

용기를 내 큰스님 방으로 갔다. 그 순간에는 무슨 생각이 들었는지 작은 가위만 달랑 손에 쥐고 가지 않고 접시에 담아서 가지고 갔다. 방문을 열면서 또 무슨 벼락이 떨어지려나 조마조마하며 작은 가위를 담은 접시를 올리니 스님께서 가위를 집어 들며 말씀하셨다.

"니, 맨손에 이 가위를 쥐고 오면 니놈 손을 내가 뿌라 버릴라 캤드만 그 액운은 면했네!"

몸에 밴 근검절약

　　　　　하루는 키가 자그마한 스님이 큰스님을 뵙는다며 백련암으로 올라왔다.

여늬 스님과 다르게 큰스님과 이런저런 얘기를 나누는데 꽤 귀한 손님인 듯 간간히 웃음소리도 들려나왔다.

"와 손님이 왔는데 차 한 잔도 대접 안 하노?"

서둘러 찻상을 준비하고 방으로 들어가 큰스님과 오신 스님에게 차를 올리는데 그만 큰스님 앞에 물 몇 방울이 떨어졌다.

"야아, 빨리 떨어진 물 닦아라."

나는 급한 마음에 앞뒤 생각없이 두루마리 휴지를 손등으로 몇 번이나 휘휘 감아 뜯은 다음 바닥의 물방울을 닦

앉다. 순간 큰스님이 버럭 고함을 쳤다.

"니는 니 애비가 만석꾼이제?"

처음 뵙는 귀한 손님 앞에서 나는 몸 둘 바를 몰라 했지만 오신 스님은 큰스님과 달리 천진스레 미소를 지어 보이셨다. 그러고도 한참을 재미있게 담소를 나누신 후 귀한 스님을 배웅하고 오신 큰스님이 말씀하셨다.

"아까 그 스님 누군지 아나?"

"아닙미더. 오늘 처음 뵙심더."

"그래? 천제굴에서도 나랑 같이 지냈는데 해인사에서는 보기 드문 정진수좌 스님이지. 제방에서 선지식을 탐방하며 정진하는데 수좌들의 귀감이야. 혜암스님이라고 하제!"

그 후 혜암스님께서는 해인사 원당암에 주석하시면서 총림의 수좌, 부방장을 역임하시며 총림에 큰 기여를 하셨다. 큰스님 열반 후에 해인총림의 방장이 되셨고, 1994년 원로의장, 1999년 4월에 조계종 제10대 종정이 되셨다. 또한 108평 규모의 재가불자선원을 원당암에 개원하여 국내외 사부대중에게 참선을 지도하면서 세계 불자들의 참선수행에 지대한 공헌을 하셨다.

"니는 니 애비가 만석꾼이제?" 하는 꾸지람은 그 후에도 큰스님으로부터 수없이 들었다.

큰스님의 공양이 끝나서 상을 물리려 방으로 들어가면 크리넥스 화장지도 네 조각, 여섯 조각으로 찢어 떨어진 물방울을 닦곤 하셨다. 이쑤시개도 한 번 쓰고 버리지 않고 깎고 또 깎아서 쓰셨다. 스님은 늘 새벽 3시에 백팔배를 올렸는데 사각 성냥 통으로 향불을 지피셨다. 사각 성냥 통의 성냥 알이 다 떨어지면 성냥 통을 새것을 쓰는 것이 아니라, 성냥 알만 됫박으로 사오라고 해서 그 성냥 통이 뺀질뺀질하게 닳아서 불이 붙지 않을 때까지 쓰셨다.

시찬 시절 수시로 큰스님 방을 드나들곤 했는데, 어느 날 물을 갖다 드리려고 방문을 열어 보니 큰스님이 평소 안 쓰는 안경을 끼고 뭔가 열심히 들여다보고 계셨다. 낡은 양말을 들고 바느질을 하고 계신 중이었다. 얼른 물그릇을 놓고 다가갔다.

"스님! 뭐 이런 걸 하고 계십니꺼. 저희가 기워드리겠심더."

"이놈아! 너거 솜씨가 솜씨라고. 내가 너거들보다는 훨씬 낫제. 쓸데없는 말 하지 말고 얼른 나가!"

성철스님은 고희를 넘기고서도 옷가지나 내복을 손수 기워 입곤 하셨다. 스스로의 체력이 닿는 한 기본적인 수도승의 의무를 놓지 않으려 하셨던 것이다. 그렇게 근검절약하며 살아온 큰스님이니 낭비하는 일은 참고 보지 못했다.

수박사건

　　　　어느 해 하안거 백중을 맞아 아비라 기도를 하는데 회장 대혜심 보살이 원주인 나를 찾아왔다.
"원주스님, 요새 이렇게 덥고 하니 대중들 기도하는데 신심이 나게 수박공양을 한번 합시다."

나는 얼른 가야장에 내려가서 큼지막한 놈으로 50여 덩이의 수박을 사서 일꾼과 함께 져 올렸다. 하룻저녁 산골짜기 시원한 물에 수박을 띄워두었다가 다음날 오후 2시를 전후해서 대중공양을 하게 되었다. 무더위 속에서 땀을 뻘뻘 흘리며 기도를 하다가 달고도 시원한 수박을 먹게 되었으니 대중은 얼마나 좋아했겠는가?

그 시원한 수박을 먹고 기도에 들어간 지 30분도 채 되지 않았는데, 성철스님께서 고래고래 고함을 치시며 "기도하는 사람 전부 다 마당에 모이라."고 호통을 치셨다.

모두들 무슨 영문인지도 모른 채 기도를 멈추고 마당에 모였는데, 그렇게 노여워하시는 큰스님의 모습은 처음인지라 어쩔 줄 몰라했다.

사연인즉 이랬다. 신도들이 수박을 나누어 먹는 것까지는 좋았다. 그런데 먹은 뒤 쓰레기통에 버린 수박 껍질이 문제였다. 모두들 수박을 먹기는 했는데 너 나 할 것 없이 많이 먹어야 3분의 2 정도, 심지어 반도 안 먹고 수박 속살이 벌건 채로 버렸던 것이다.

성철스님의 노여움은 대단했다.

"돈은 너거 돈으로 수박을 사 왔는지 모르지만 먹기는 농부들 정성을 생각하고 먹어야 하지 않겠나? 그럴려면 수박 껍질이 하얗게 나오도록 먹어야 될 것인데 이렇게 반도 안 먹고 버렸으니 기도하지 말고 싹 다 가든지, 아니면 쓰레기통에 처박아놓은 수박을 다시 꺼내 먹든지 둘 중에 하나를 빨리 선택해라."

신도 회장이 엉금엉금 기다시피 나가 큰스님에게 빌고 또 빌었다.

"제가 불민해서 그랬으니 한번만 용서해주십시오."

신도들은 쓰레기통에 버린 수박을 다시 집어 들고 무조건 먹어야만 했다. 참 이상한 것은 다음날 배탈난 사람이 아무도 없었다는 것이다. 그날 이후 나에게도 수박을 먹을 때는 껍질에 붉은 살이 없을 때까지 먹는 버릇이 평생 생겼다.

한번은 노인 내외분이 계시는 서울의 신도집에 들르게 되었다. 마침 여름철이라 보살님께서 시원한 수박을 몇 조각 내오셨다. 붉은 살 없이 하얗게 먹었더니, 지켜보던 거사님이 "스님이 수박을 참 맛있게 드시네. 여보, 여기 수박 더 가져오이소." 하며 소리쳤다. 나는 또 별 생각없이 수박을 또 그렇게 먹었다. 그러자 "여보, 수박 다 가져오소. 스님이 수박을 얼마나 먹고 싶으면 껍질까지 다 자시네." 하면서 보살님을 재촉하는 것이었다. 그제서야 나는 사태를 알아차렸다. 거사님은 내가 산골에 살면서 수박을 잘 못 먹었기 때문이라고 생각하고 보살님께 수박 가져오기를 재촉했던 것이다.

큰스님의 천진불들

성철스님은 아이들을 무척 좋아하셨다. 여신도들이 가끔 꼬마들을 데리고 오면 꼭 아이들을 불러 과일이나 과자를 주곤 하셨다. 아이들의 천진함을 마냥 좋아했다.

"숨김없이 지 생각나는 대로 반응하는 것이 어린애 아니냐. 그게 얼마나 좋냐."

그런데 큰스님은 아이들을 보면 꼭 장난을 건다. 과자를 맛있게 먹고 있는 아이의 볼을 꼬집거나 머리에 꿀밤을 먹이곤 했다. 당연히 아이들은 아앙 하고 울어버린다. 그러면 큰스님은 다시 우는 아이를 달래느라 안간힘을 쓴다. 당시만 해도 귀하던 사탕이나 과자를 쥐어주기도 하고, 조금 큰

아이에겐 동전을 주면서 구슬린다. 그렇게 어렵게 달래놓고는 아이가 다시 잘 놀면 한참 보다가 다시 꼬집어 울린다. 아이가 조금 크거나 장난기가 많은 경우에는 제법 큰스님과 장난을 주고받기도 한다. 초등학교 고학년쯤 되는 꼬마들은 큰스님에게 덤비기도 했다. 큰스님이 머리를 쥐어박으면 저도 큰스님 머리를 쥐어박으려고 팔짝팔짝 뛰었다. 큰스님이 엉덩이를 차면 저도 엉덩이를 차려고 씩씩거리며 달려든다. 이런 꼬마 친구를 만나면 큰스님은 신바람이 나는 듯했다.

"야, 그놈 대단하다! 야, 인마. 빨리 와 차야지. 이리 와 이리."

그러다가 어떤 때는 큰스님이 꼬마의 발길질에 당황할 때도 있었다. 그렇지만 큰스님은 무슨 스파링 파트너나 만난 듯 장난을 치곤 했다. 그렇게 한바탕 장난이 끝나면 큰스님은 꼬마 친구와 이런저런 얘기를 나누었다.

그런데 문제는 삼천배다. 어린이들도 예외 없이 삼천배를 해야 한다. 대개 꼬마 친구들은 큰스님과의 장난으로 상견례를 한 뒤 어머니의 손에 이끌려 법당에 올라가 삼천배를 하게 된다. 초등학교 고학년 정도의 아이들은 대부분 절을 곧잘 했다.

성철스님의 꼬마 친구 중 한 명이 삼천배를 한 적이 있다. 큰스님이 격려도 했고, 어머니가 워낙 신심이 두터운지라 꼬마 친구는 이를 악물며 어머니를 따라 삼천배를 마쳤다. 사실 그 아이는 삼천배를 할 줄은 꿈에도 모르고 따라온 것이다. 큰스님과 한판 전쟁을 치르고 삼천배를 했으니 얼마나 힘이 들었겠는가. 절을 마치고 큰스님께 하직 인사를 하러 온 꼬마 친구는 당돌하게 한마디 했다.

"큰스님, 이제 다시는 백련암에 안 올 겁니더."

"와 그라노?"

"내가 앞으로 백련암에 다시 오면 개새끼라예."

"와 그라는데?"

"삼천배 절이 너무 힘들었어예. 백련암에는 다시 안 올 겁니더."

"그래그래. 니가 개새끼인지 아닌지는 두고 보자."

또 산내 비구니 암자에서 자라나는 예쁜 꼬마 친구들도 있었다. 다섯 살에서 일고여덟 살까지 10여 명 정도 되었는데 이 꼬마아가씨들은 늘 오는 것이 아니라 명절에나 올라왔다. 명절이니 꼬까옷 입고 와서 세배도 드리고, 세뱃돈도 두둑이 타고 큰스님에게 노래도 부르며 재롱을 떨었다.

이런 꼬마아가씨들이 백련암에 놀러 왔다. 그중에 한 아이가 입을 양손으로 감싸고선 큰스님 귓속에다 대고 산 정상에서 외치듯이 "야호"가 아니라 "아악!" 하고 있는 대로 고함을 내질렀다. 꼬마들이 돌아간 후에 큰스님은 그 꼬마들이 얼마나 소리를 쳤는지 아무 소리도 안 들리고 멍멍하고 귀울림이 생긴 것 같다고 하셨다. 그런데 그 증상이 며칠이 지나도 가라앉지 않았다. 할 수 없이 스님은 부산으로 병원 진찰을 다녀오기도 했다.

그래도 큰스님은 아이들은 숨김없이 자기들 감정을 있는 대로 표현함을 무척 좋아하시어 '아이들은 천진불'이라 하셨다.

그런데 반년이 지나 다시는 안 온다던 그 꼬마 친구가 다시 백련암을 찾아왔다. 물론 어머니의 손에 끌려왔지만 나름의 독한 다짐을 했던 꼬마인지라 시무룩하니 고개를 들지 못했다. 하지만 큰스님이야 얼마나 더 반가웠겠는가.

"니, 그때 안 온다던 그 놈 아이가? 그러면 니 개새끼 아이가."

그 친구도 이제는 중년의 치과의사다.

가족과의 환속 전쟁

하루는 큰스님이 마당을 거닐다가 나에게 말을 걸었다.

"이놈아, 니 여기 온 지 몇 개월 됐노?"

"대략 6개월은 된 것 같심더."

큰스님은 고개를 끄덕이면서 말했다.

"니도 너거 집에서 어지간히 귀찮아했던 놈인가 보제."

무슨 말인지 몰라 어리둥절해하자, 큰스님이 말씀하셨다.

"아니, 아들이 출가했으면 니 애비, 에미가 아들이 죽었는가 살았는가 찾아나서야제! 지금까지도 찾아나선 흔적이 없으니 니도 어지간히 부모 속내를 끓이다가 온 놈 아이가."

"아임니더. 지는 백련암에 간다고 얘기 다 하고 왔심더."

기죽기 싫어 대꾸를 했는데 큰스님은 딴소리다.

"니 애비, 에미가 중 된 줄 알면 기절초풍하겠제?"

그때까지만 해도 잘 몰랐는데, 큰스님의 말씀대로 행자 시절 통과의례처럼 겪어야 하는 일이 가족과의 만남이다. 출가자라면 반드시 거쳐야 하는, 그러나 피하고 싶은 홍역과도 같은 일이다.

가야산 깊은 암자에 있으면 세상 누구도 못 찾아올 것 같지만 그래도 어떻게든 수소문해서 용케들 찾아온다. 귀한 아들이 삭발하여 행자가 된 모습을 보고 많은 어머니들은 졸도한다. 가족, 특히 어머니의 낙담은 이만저만이 아닌 것이다.

가족이 찾아오면 행자들은 대부분 산으로 줄행랑 놓아 위기를 모면한다. 어머니 손에 붙잡히면 벗어나기가 쉽지 않은 탓이다. 어머니들은 일단 내 아들 찾아내라며 버틴다. 그러나 대부분 산속으로 도망간 행자보다 찾아온 가족들이 먼저 항복하게 마련이다. 자기들 때문에 밥 쫄쫄 굶고 산속을 헤맬 행자를 생각하면 그 또한 좋은 일은 아니라 큰 걱정이기 때문이다. 그럴 경우 암자를 떠나는 어머니의 당부도 대부분 비슷하다.

"오늘은 이만 돌아갑니다. 무사히 있는 줄 알았으니 그것만으로도 다행으로 생각합니다. 스님들이 잘 좀 돌봐주십시오."

큰스님이 "출가한 지 얼마나 됐노?"라고 물어 온 지 얼마 지나지 않아 어머니가 백련암으로 날 보러 왔다. 삭발한 나를 보고는 아니나 다를까, 그만 졸도해버렸다. 한참 후 깨어나자마자 "이놈아, 니가 이럴 수 있느냐."며 대성통곡을 했다. '큰스님에게 들키면 어쩌나' 하고 속만 태우고 있는데 언제 나타났는지 벼락같은 호령이 뒤에서 들렸다.

"아들 데려갈 힘 있으면 업어 가면 되지, 뭐 그렇게 울고 있어!"

큰스님이 어머니를 뚫어지게 바라봤다. 큰스님의 기세에 눌렸는지 어머니가 울음을 그쳤다.

"아임니더. 하도 억울해서 그럽니더. 출세나 하기를 바랐는데 뜬금없이 중이 되어버렸으니 이렇게 원통할 데가 어디 있능교?"

말을 마친 어머니가 다시 통곡을 시작했다. 그러자 곧바로 큰스님의 꾸중이 이어졌다.

"부처님 제자가 되면 구족九族이 극락왕생한다는데 아들 출세가 뭐 그리 대순가. 아들이 귀한 것이 아니라 아들 출세가 더 욕심이구먼. 그런 욕심 버리고 아들 중노릇이나 잘

하라고 불전에 기도나 열심히 해야지, 여기서 방성대곡이나 하면 되겠어!"

큰스님의 호통을 듣던 어머니가 울음을 그쳤다. 아들을 환속시키려던 마음을 접은 듯 절집 생활을 묻고 절간을 둘러보더니 땅거미가 내리려 하자 발걸음을 돌렸다.

친구들 사이에 출가 사실이 알려지면서 환속을 독촉하기 위해 찾아오는 친구들도 있었지만 그런 생각 없이 오는 경우도 있었다.

산중 암자를 찾아온 친구들과 환속으로 승강이를 벌이거나 지난 얘기를 하다 보면 시간이 늦어져 절에서 재워줘야 하는 일이 잦았다. 친구들이 들락거리는 것을 보고도 한동안 성철스님은 아무 말씀도 하지 않으셨다. 그러다 어느 날 명이 떨어졌다.

"앞으로 니 찾아오는 놈들은 누구라도 삼천배 시키고 재워라. 삼천배 안 하면 무조건 쫓아버려야지 재우면 안 된다이."

그런 주의를 받고 한참 지나도록 친구들의 발길이 뜸하더니 두어 달 지난 어느 가을날 친구 둘이 나타났다. 해거름에 도착했으니 자고 가야 할 형편이었다. 그런데 막상 멀리서 찾아온 친구들에게 자고 가려면 삼천배를 해야 한다고 말할 용기가 나지 않았다.

이 친구들은 이미 내 얘기를 들어서인지 환속 얘기는 꺼내지도 않았다. 큰스님이 도인이니까 동양철학에도 도가 통했을 것이니 사주나 한번 보려고 왔다는 것이다. 순간 무어라 할 말을 잃었다. 나는 불교와 동양철학이 다르다고 거듭 설명했다.

"큰스님은 지금까지 동양철학에 대해서는 한마디도 입에 올리지 않았을 뿐 아니라, 설법할 때도 사주 같은 것은 부처님의 가르침이 아니라고 하시는데 어떻게 그런 부탁을 해?"

나중엔 아예 통사정을 했다. 삼천배 얘기는 꺼내지도 못했는데 저녁 9시 취침 종소리가 울려 퍼졌다. 그때 방문이 와장창 부서지는 소리를 내며 확 열렸다. 어느새 성철스님이 나타나 화등잔 같은 눈을 부라리며 고함을 쳤다.

"이놈아, 다음에 누가 와도 삼천배 시키지 않으면 못 잔다고 내가 안캤나. 근데 절은 안 시키고, 9시 지난 지가 언젠데 아직 이야기만 하고 있나, 이 나쁜 놈아! 삼천배 안 하려면 이놈들 다 쫓아버려!"

나만 혼비백산한 것이 아니다. 친구들도 기절초풍해 보따리를 챙겼다. 나는 친구들을 백련암에서 재우지 않고 쫓아내겠다며 큰스님께 싹싹 빌었다. 부랴부랴 손전등을 찾아들고 캄캄한 오솔길로 친구들의 등을 밀었다. 떠밀려 쫓겨나는 친구들의 불만은 당연했다.

"야! 너거 스님 대단하네. 우리는 중생 아이가. 스님이 중생에게 대자대비로 대해야지, 그것도 초면에 이게 무슨 난리고. 또 하룻밤 절에 재워주는 것이 뭐 그리 대단하다고 이 깜깜한 밤중에 쫓아내노. 너거 스님 진짜 괴짜네."

친구들에게 미안했다. 그들의 말처럼 초면에 다짜고짜 면박을 주고, 삼천배 안 한다고 한밤중에 캄캄한 산길로 쫓아냈으니 오죽 황당했겠는가. 아무것도 모르고 큰스님께 사주 보러 왔다가 큰 봉변을 당한 셈이다.

친구들을 달래고 달래서 절 아래 마을 여관에 방을 잡아주고 다시 백련암으로 올라오니 밤 12시가 넘었다.

잠을 자는 둥 마는 둥 하고 일어나 아침 공양을 준비해 큰스님 방으로 들어갔다. 공양상을 받으시면서 큰스님이 넌지시 묻는다.

"어제 그놈들 우째 됐노?"

속으로는 '이왕 여기까지 왔는데 그냥 하루 묵고 가게 하실 것이지, 한밤중에 야박하게 쫓아낼 것까지야 있었습니까' 하고 싶었지만 차마 그렇게 말씀드릴 수는 없었다.

"어젯밤에 여관으로 쫓아 보냈심더."

큰스님이 내 얼굴을 힐끗 보며 빙긋 웃으신다.

"이놈아! 삼천배 안 한다고 온 놈들을 한밤중에 쫓아버렸으니, 이제 그 소문나면 니 찾으러 아무 놈도 안 올 끼다. 두고 봐라."

아주 확신하는 말투였다. 역시 큰스님의 예언은 맞았다. 그 이후로는 친구들의 발걸음이 뚝 끊어지고 말았다.

절집에서 또 하나 이별 문화가 있다. 같이 살던 행자나 스님이 아무 말 없이 밤새 떠나가는 것을 말한다. '오는 사람 말리지 않고, 가는 사람 붙잡지 않는다'는 것이 절집의 철칙이다. 쉬운 말로 '오는 사람 반가워하지 않고 가는 사람 서운해하지 않는다'는 뜻이다. 더 짧게 말해 '오면 오고, 가면 가는' 하는 태도다. 참 인정머리 없는 곳인지도 모른다. 그러니 절집에서는 아무도 모르게 혼자 야밤에 떠나는 것이 서로에게 폐를 끼치지 않는 이별 문화로 자리 잡은 것이다.

이런 문화에 익숙해지기까지 쉽지만은 않았다. 처음 몇 번 그런 일을 당했을 땐 다리에 힘이 빠지고 며칠 동안 사람이 괜히 멍청해지는 느낌이었다. 그러나 세월이 지나면서 겪을 만큼 겪으니 어느덧 절집의 이별 문화에 익숙해져버린 나 자신을 발견하고는 스스로도 무척 놀랐다.

혼쭐난 배추밭 울력

　　　　　　환속 소동이 마무리되고 친구들의 발걸음도 끊어질 무렵 김장철이 다가왔다. 김장거리로 심었던 배추, 무는 말 그대로 청정채소다.

　해우소에 채워놓았던 풀을 썩혀 만든 두엄으로 거름을 썼으며, 풀벌레도 약 대신 손으로 잡아내곤 했다. 스님들이 먹는 음식은 득도를 위한 밑거름이기에 이같이 각별한 정성을 기울였다.

　가을이 깊어 단풍이 드는가 싶더니 이내 낙엽이 되어 떨어지기 시작할 무렵, 울력을 알리는 목탁이 울렸다. 원감(채소밭을 관리하는 직책)을 맡고 있는 스님의 작업 지시가 이어졌다. 날씨가 추워지고 낙엽이 떨어지니, 배추가 얼지 않고 낙엽이 배추 속으로 들어가지 않게 짚으로 배추 끝을 꼭꼭 묶어주어야 한다는 것이다.

일제히 골을 따라 배추 끝을 묶어나가기 시작했다. 나도 한 골을 맡아 허리를 구부리고 일을 하니 힘이 들고 허리가 아파왔지만 열심히 묶어나갔다. 얼마를 하다가 허리도 쉴 겸 몸을 쭉 펴고 주위를 둘러보니 분위기가 이상했다. 울력이라면 내가 항상 꼴찌인데, 오늘은 내가 일등이 아닌가. 다른 대중스님들은 나보다 한참 뒤처져 있었다.

뭔가 좀 이상하긴 했지만 작업 반장격인 원감스님이 별말을 하지 않기에 그대로 계속 해나갔다. 어느 정도 시간이 흘렀고, 여느 때처럼 성철스님이 둘러보러 내려오셨다. 아니나 다를까, 내 곁으로 오시더니 고함을 치셨다.

"원택이, 이놈아!"

무슨 영문인 줄도 모르고 있는데 큰스님이 성큼성큼 다가와선 느닷없이 밀쳐버리셨다. 엉겁결에 넘어져 엉덩방아를 찧고 말았다.

"이놈아! 일을 모르면 묻든가, 아니면 남 하는 것을 눈여겨보든가 해야지, 맨날 이 모양이제!"

도대체 왜 내가 야단을 맞는지 이유를 알 수가 없었다. 큰스님은 내 귀를 잡아당기며 다른 사형들이 일하는 골로

끌고 갔다.

"니 해논 거 하고, 이거 하고 한번 비교해봐라. 뭐가 틀리는지. 세상에 이런 멍청이가 어디 있노? 우리 절에 앞으로 도인 났다 하면 이 멍청이 원택이가 될 끼다. 으째 이리 일을 모리노!"

그때까지도 뭐가 잘못됐는지 몰랐으니 나도 참 눈썰미가 없긴 없었다. 한참을 혼나고 나서야 원감스님이 다가와 자세히 설명을 해주었다. 내가 원감스님의 앞서의 말을 잘못 알아들었던 것이다.

그냥 하얀 배추 속살의 잎끝만 묶어주는 것이 아니었다. 누렇게 변해 땅바닥에 처져 있는 배추 잎인 전잎을 손으로 일으켜 세워 하얀 배추 속살을 감싸 묶어주어야 했다. 그래야 속이 얼지 않고 알이 차면서 낙엽이 배추 속으로 들어가지 않는다. 그것도 모르고 땅에 처진 전잎은 그대로 두고 멀쩡히 서 있는 흰배추 속살 잎만 묶었으니 남들보다 엄청 빠를 수밖에 없었다.

지금까지 한 일은 모두 헛일이 돼 다시 시작해야만 했다. 앞이 막막한데 큰스님이 마당으로 올라가면서 한마디 쐐기를 박았다.

"저 멍청이가 지 일 다 마칠 때까지 아무도 도와주지 말아라!"

 남들은 일이 거의 다 끝났는데 이제 새로 시작하려니 허리가 더 뻐근해오는 것 같았다. 큰스님의 명이 있었으니 다른 스님들은 도와줄 엄두도 못 내고 엉거주춤 서서 구경만 하고 있었다. 원감스님이 다가오더니 얼굴이 벌겋게 달아올라 있는 나의 어깨를 툭 쳤다.

 "그래도 오늘 원택스님은 큰스님한테서 큰 수기受記(약속이나 예언)를 받았으니 얼마나 좋아. 앞으로 백련암에 도인이 나온다면 그거는 원택이라고 큰스님이 말씀하셨잖아. 나도 꾸중이라도 그런 소리 한번 들어봤으면 좋겠다."

 위로하는 건지, 무안을 주는 건지 원감스님이 능청을 떨었다. 허리는 부러질 듯 아팠지만 그래도 듣기 싫지는 않았다. 지금 생각해도 절 일들을 너무 할 줄 몰라서 큰스님께 면박만 당하니, '참 내가 우째해야 될꼬!' 하는 낙담이 가슴을 파고 들었다.

빈틈없는 하루의 시작

　　　　　　성철스님은 새벽 2시경에 일어나시고 3시에는 꼭 백팔배 예불을 올렸다. 새벽에 눈을 부비고 일어나면 벌써 큰스님 방에선 예불 소리가 들린다. 그런데 예불이 끝나고 아침 공양 때까지 방에서 무얼 하시는지는 알 수 없었다. 그냥 좌선하시는 것인지, 책을 보시는지, 아니면 그냥 누워 쉬시는지 방에 들어가 보지 않고는 알 길이 없었다.

　그러다 시찬 소임을 맡아 큰스님 방을 들락거리다 보니 자연스럽게 큰스님이 새벽 시간을 어떻게 활용하는지 조금씩 알게 되었다. 처음 큰스님의 새벽 방 모습을 보게 된 것은 어느 날 새벽에 있었던 소동 덕분이었다.

　지금처럼 수세식 해우소나 세면 시설이 건물 내에 없었

기 때문에 시찬은 항상 큰스님 방 안 양동이에 물을 채워 놓아야 했다. 그러면 큰스님은 그 물로 세수하고 뒷문을 열어 마당에 버리곤 하셨다.

하루는 큰스님이 문 밖으로 소리를 지르셨다.

"양동이에 물이 와 없노!"

전날 밤 깜빡한 것이다. 헐레벌떡 물을 떠다 양동이에 붓고, 흘린 물을 닦으려고 걸레를 들고 다시 방으로 들어갔다. 그런데 큰스님이 옷을 벗고 계셨다. 옷이라야 저고리 하나다. 큰스님은 속옷을 입지 않으셨다. 상체에 열이 많아 속옷을 걸치면 답답해서 못 견딘다고 하셨다. 반면 허리 아래 다리 쪽은 추위를 많이 타 겨울에는 핫바지를 입고 내복을 두 겹이나 걸친 다음 다시 개실로 짠 털버선을 신어도 발이 시리다고 하셨다.

깜짝 놀란 나는 '뭘 하시려고……'라는 생각에 물끄러미 큰스님을 바라봤다. 큰스님은 내 마음속을 꿰뚫어 본 듯 말씀하셨다.

"내가 지금부터 뭘 하는지 한번 볼래?"

수건을 물에 담가 적셨다가 다시 꼭 짰다. 그리고 그 물수건으로 전신을 마찰하기 시작했다. 마찰하다 물기가 말랐다 싶으면 다시 담갔다가 짜서 문질렀다. 손과 팔에서 시작하여 목과 어깨, 가슴, 등, 다리 순으로 빡빡 밀었다.

한번 세운 원칙은 끝까지 지키는 큰스님은 나중에 알고 보니 1년 365일 하루도 빠짐없이 냉수마찰을 했던 것이다. 그 이후로 큰스님 방에 물을 떠다 놓는 일에 한결 정성을 쏟지 않을 수 없었다.

그로부터 얼마 지난 어느 날 새벽, 여쭐 말씀이 있어 큰스님 방에 들어갔는데 큰스님이 땀을 뻘뻘 흘리며 운동을 하고 계셨다. 숨까지 가빠오는 상당히 고난도의 요가 비슷한 체조였다. 한참 운동하시는데 뭐라고 여쭈기가 어색해 바로 물러 나왔다. 그리고 얼마 지나 아침 공양상을 들고 들어갔다.

"니, 새벽에 내가 하는 것이 뭔지 아나?"

내가 궁금해 할 줄 알고 묻는 것이다.

"무슨 요가하시는 것 같았심더."

"인마, 요가하고 새벽에 내가 한 체조하고는 다르다. 요가 하는 것이 아니라 그동안 전래돼온 맨손운동을 내가 정리했제. 그리고 하루도 안 빠지고 매일 한다 아이가."

어느 날 새벽에 큰스님 방으로 들어갔는데 그때 마침 물구나무를 하고 한참 계신 듯했다. 나는 속으로 '체조라고는 젬병이라 물구나무서기는 엄두도 못 내는데 고희를 바라보는 큰스님은 물구나무를 하시다니 몸이 그렇게 유연하신가?' 생각하며 참으로 놀라고 신기했다.

큰스님은 우리에게 그 체조를 가르쳐주려 하지 않았다. 배우기가 어려울 것 같아 차일피일 미루었는데, 결국 배우지 못해 지금도 아쉬움이 많이 남는다. 이처럼 큰스님의 새벽일과는 한가하지 않았다. 새벽 3시면 어김없이 백팔배 예불을 올리고, 선 체조를 하고, 냉수마찰을 하는 데 족히 한 시간은 넘게 걸렸다. 큰스님은 그렇게 빈틈없이 하루를 시작했다.

그러나 우리에게 냉수마찰이나 선 체조를 하라고 하지는 않으셨다. 새벽부터 저녁까지 일과를 쫓아가기에도 바빴던 당시엔 그런 일을 시키지 않는다는 사실을 매우 다행스럽게 생각했다. 하지만 큰스님이 가신 지금, '참으로 어리석게 살았구나' 하는 마음과 "큰스님께서 하시는 선 체조를 저에게도 좀 가르쳐 주십시오."라고 하지 못한 아쉬움이 무겁게 남아 있다.

행자 실력 테스트

출가해 스님이 되는 일에 어떤 일정한 코스가 있는 것은 아니다. 잘 모르기는 하지만 기독교 성직자나 가톨릭 신부의 경우 신학대학이나 대학원 같은 교육 기관을 졸업하고 다시 일정한 과정을 이수하는 등의 절차가 있다. 많은 사람들이 기독교의 성직자 과정에 비춰 불교도 동국대학교를 졸업하거나 승가대학을 졸업해야 스님이 되는 줄로 알고 있다.

그러나 절집의 현실은 그렇지 않다. 내가 출가할 때만 해도 학벌도 나이도 과거도 묻지 않았다. 그저 절에만 들어오면 머리 깎고 먹물옷을 입혀주었다. 행자라는 수습 과정을 1년 정도 거치면 스님으로 대접해주었다. 그리고 스님이 되고 나서야 강원이나 동국대학교, 승가대학에 입학해 공부를 할 수 있다. 정규 교육 과정을 꼭 지켜야 하는 것이 아니기에 어떤 스님들은 곧바로 선원을 찾아 참선 수행에 들어가기도 한다.

내가 백련암으로 출가할 즈음 "성철스님은 대학 출신만 상좌로 삼는다"는 말이 퍼져 있었다. 친구 스님이 백련암으로 출가할 때 한국대학생불교연합회 출신 너댓 명이 한꺼번에 큰스님의 지도로 출가해 그런 소문이 난 모양이다.

행자 생활과 시찬 소임을 거치는 동안, 그리고 그 이후에도 많은 행자가 백련암을 오고 갔다. 당시 큰스님은 새로 절에 들어온 행자가 대학 졸업생이라고 하면 꼭 전공을 물었다. 그러곤 한번은 넌지시 그 행자의 실력을 테스트했다.

불문과를 졸업했다고 하면 어디서 불어책을 가져와선 아무 쪽이나 펼쳐 보이면서 해석해보라고 하셨다. 또 독문과라고 하면 헤세인지 괴테인지의 글을 가져와 번역해보라고 하기도 했다. 일종의 즉석 시험이다. 만약 당황해서 해석을 못 하고 떠듬거리면 영락없이 핀잔이 돌아왔다.

"야 이놈아, 니가 우찌 대학을 졸업했노?"

얼떨결에 당한 행자는 얼굴이 벌겋게 달아오르며 무안하기 이를 데 없다. 큰스님은 언제 그렇게 많은 분야를 두루 공부했는지, 전공마다 나름대로 행자를 당황케 할 만한 질문을 잘도 던졌다. 제대로 대답하면 당연한 것이고, 못하면 예의 핀잔이다. 나도 큰스님의 테스트를 그냥 지나칠 수는 없었다. 어느 날 큰스님이 불쑥 물어왔다.

"니 정치외교과 나왔다 했제?"

내가 연세대 정치외교학과를 졸업했음을 알고 계시기에 "예, 그렇습니더." 하고 대답했다.

"비스마르크가 평생 한 번 왜, 언제 울었는지 말해봐라."

앞이 캄캄했다. 비스마르크가 독일 통일을 이룬 프러시아의 철혈 재상이라고만 배웠지, 언제 울었는지 웃었는지는 역사책에 전혀 없었던 대목이다. 그래서 솔직하게 대답했다.

"왜, 언제 울었는지 그것까지는 알 수 없는 일 아닙니꺼?"

역시 핀잔이 돌아왔다. 그리고 자세한 설명이 따랐다.

"니도 별 수 없네. 내가 가르쳐 주지. 프러시아가 독일을 통일한다꼬 그렇게 국민들을 쥐어짜고 했는데, 나중에 독일 통일을 이루고 그 통일에 앞장 섰던 총리 대신 비스마르크가 권력을 내놓고 고향으로 낙향하게 됐거든. 그때 비스마르크는 고향가는 길에 국민들이 몰려나와 '비스마르크

만세'라고 외치는 광경을 목격하게 된다 말이야. 그때까지 비스마르크는 자기가 국민을 그렇게 힘들게 했으니 응당 국민이 자기를 거세게 비난하고 미워할 줄 알았는데, 막상 낙향하는 자기를 그렇게 환송해 주니 아무리 철심장인 비스마르크도 그만 감동하여 일생일대에 처음 눈물을 흘렸다고 안 카나."

큰스님은 비스마르크의 성격, 설정한 목표를 향한 철혈 같은 매진과 그 가운데 담겨진 나라 사랑의 마음을 좋아했던 듯하다. 핀잔과 혀를 차는 소리로 설명은 마무리됐다.

"그런 것도 모르는 놈이 뭘 정치외교학 공부했다고, 쯧쯧."

큰스님은 제자들에게 참선을 강조하느라 책을 읽지 말라고 하셨지만 스스로는 누구보다 책을 아끼고 즐겨 읽었다. 제대로 된 건물 하나 없던 백련암에 '장경각'이란 서고를 별도로 만든 것도 큰스님의 책 사랑 때문이다.

씨감자와 손수레

성철스님의 은사이신 동산 큰스님이 상좌로 절집 생활을 시작한 성철스님에게 한 말씀이 있다.

"잘하려고 하면 탈나니 대강대강 사는 것이 대중살이다."

깨달음을 향한 구도의 열정은 충만하되, 졸집의 일상생활을 꾸려가는 살림살이에는 너무 신경 쓸 필요가 없다는 뜻일 것이다. 그러나 성철스님이라는 까다로운 큰스님을 모시고 사는 입장에서, 더욱이 백련암 살림을 책임지는 원주 소임을 맡은 입장에선 사소한 살림에도 마음을 놓기 힘들었다.

씨감자는 여러모로 나를 힘들게 한 놈이다. 행자 시절 씨눈을 잘못 따 성철스님께 혼이 난 기억이 생생한데, 원주가 되자 씨로 쓸 좋은 감자를 사는 일이 나를 괴롭혔다. 종자가 좋은 것을 사다 심어야 알도 굵고 생산도 많은데 평소 다니던 가야장에 나오는 씨감자는 신통치 않았다. 농민들이 좋은 것은 자기들 쓰고 남는 것을 가져다 팔기 때문이다. 물어 물어 알아보니 백련암에서 $8km$쯤 떨어진 마장마을의 씨감자가 좋다고 했다.

마장마을에 부탁해서 씨감자 세 가마니를 구해 놓은 뒤 일꾼 한 사람과 함께 손수레를 끌고 갔다. 당시 마을 주민 한 사람을 일꾼으로 고용하고 있었다. 갈 때가 오르막이었으니 올 때는 내리막이 되었다. 일꾼이란 사람도 손수레를 끌어본 경험이 별로 없었다.

브레이크 장치라고 해서 바퀴 뒤에 막대기를 꽂고 새끼줄로 단단히 동여매었다. 씨감자 파는 사람이 "이 정도면 될 것"이라고 하기에 그 말만 믿고 나섰다. 그래도 혹시나 해서 브레이크 막대기를 동여맨 새끼줄을 내가 뒤에서 붙잡고 당기며 갔다.

내리막길이 그렇게 무서운 줄 몰랐다. 그럭저럭 내려오다가 갑자기 급경사 비슷한 길이 나타났다. 이상한 기분이 들어 일꾼 아저씨한테 한 번 더 "괜찮겠느냐?"고 물었다.

"지금까지 잘 왔는데 별일 있겠심니꺼? 스님이나 뒤에서 새끼줄을 단단히 잘 잡고 오이소."

그래서 새끼줄을 단단히 잡기 위해 팔목에 감아 거머쥐었다. 손수레가 점점 속도를 내기 시작했다. 뒤에서 새끼줄을 잡고 있는 나도 끌려가기 시작했다. 일꾼 아저씨에게 "손수레 좀 세워봐요."라며 고래고래 소리를 질렀지만 손수레는 앞으로 내달리기만 했다.

급한 마음에 쪼그리고 앉아 몸을 뒤로 젖혔다. 손수레가 더 빨라지면서 앞으로 고꾸라지고 말았다. 손에 감은 새끼줄 때문에 질질 끌려갔다.

팔은 끊어지는 것 같고 가슴과 배, 다리까지 온통 길바닥에 내던져지니 고통이 이루 말할 수 없었다. 손목에 감긴 새끼줄을 나도 모르게 풀어 버리고 말았다. 그러자 손수레가 순식간에 사라졌다.

"쿵!"

일꾼 아저씨가 튕겨나가며 곤두박질쳤다. 순간 '일꾼 아저씨 죽은 것 아닌가?' 하는 불길한 마음이 들었다. 하지만 몸이 움직이지 않아 한참을 길바닥에 엎어져 있었다. 정신을 차리고 엉금엉금 기다시피해서 가보니 다행히 손수레는 개울이 흐르는 절벽 쪽으로 떨어지지 않았다.

산비탈에 처박히면서 일꾼 아저씨가 튕겨나간 것이다.

아저씨는 꼼짝달싹도 못하고 나뒹굴어져 있다. 아무 대책도 없이 앉아 있는데 일꾼 아저씨가 꼼지락꼼지락 움직이기 시작했다.

"어디 다친 데 없어요?"

대답이 없다. 손목을 내미는데 시퍼렇게 멍이 들어 퉁퉁 부어올랐지만 부러진 것은 아니었다. 상처투성이인 채로 둘이 앉아 있는데 웬 건장한 아저씨가 마장마을 쪽에서 내려오다가 우리를 봤다. 주변을 두리번거리더니 "개울 쪽으로 떨어져 죽지 않은 것만 해도 다행"이라며 쏟아진 씨감자를 주워담아 주었다. 그냥 보고만 있으니까 손수레를 동네까지 끌어다 주었다.

흙투성이, 피투성이, 흉칙한 몰골로 백련암에 들어서는데 마침 마당에서 포행하던 성철스님과 마주쳤다.

"니 꼴이 와 그러노?"

대충 경과를 보고했다. 성철스님이 혀를 차며 듣다가 한마디 던지셨다.

"씨감자가 아이라 니가 땅 속에 들어갈 뻔했네. 우쨌든 올해 감자농사는 풍년이겠네."

위로인지 흉인지, 확실히 성철스님은 수행이나 계율과 직접 관련되지 않는 살림살이에는 무심하신 듯했다.

가야산 호랑이 큰스님

성철스님이 성격이 급하고 격하다는 사실은 스님들 사이에선 널리 알려져 있다. 예컨대 큰스님이 찾는다 하면 밥숟가락을 입에 넣었더라도 그 밥을 다시 뱉어놓고 얼른 달려가야지, 입안에 밥 들었다고 다 씹어 넘기고 가면 벌써 늦는다.

언젠가 송광사 불일암에 머물던 법정스님을 찾아가 성철스님의 저서 『본지풍광』과 『선문정로』의 윤문과 출판을 부탁하며 며칠 같이 머물던 때였다.

글 잘 쓰기로 유명한 법정스님은 이렇게 말씀하곤 했다.

"해인사 방장 성철스님과 송광사 방장 구산스님 두 분의 성격이 너무나 대조적이거든. 내가 언제 한번 이 두 분 큰스님의 비교론을 써봐야겠어."

법정스님은 성철스님이 방장으로 있던 해인사의 큰절에서 살다가 당시엔 송광사에 머물던 터라 두 총림의 지도자상을 잘 비교할 수 있는 위치였다. 법정스님이 이런 얘기를 들려준 적이 있다.

"구산스님은 아침마다 빗자루를 들고 나오셔서 대중보다 앞서서 먼저 청소하는 모범을 보이시는 분이지. 그런데 성철스님에게서는 그런 모습을 전혀 볼 수가 없어. 구산스님은 제자들을 지도하실 때도 자상하게 감싸주는 편인데, 성철스님은 아주 성한 살에 상처를 내 소금을 뿌리는 격이거든."

처음에 출가해서 나도 큰스님의 성격을 맞추지 못해 애를 먹었다. 큰스님이 그렇게 널리 알려진 도인이라면 텔레비전에 나오는 산신령처럼 굵은 저음에 부드럽고 좋은 말만 골라서 천천히 말씀하리라 상상했었다. 그러니 얼마나 실제 큰스님의 모습과 반대인가.

물론 평소에는 감정 표현이 없는 편이지만 일단 화가 났다 하면 고함을 지르며 박한 말만 골라 퍼부었다. 그래서 급할 때는 삼십육계가 최상이다. 왜냐하면 아무리 큰 야단이라도 그때뿐이기 때문이다. 그 고비만 넘기면 또 언제 그런 일이 있었냐는 듯이 아무렇지도 않다. 그러니 그나마 큰스님을 모시고 살 수 있었던 것 같다.

내가 백련암에 들어와 큰스님의 성정을 생생히 목격한 일은 '누운 향나무' 사건이다. 누운 향나무는 가야산 중턱에 있는 토종 향나무인데, 큰스님이 좋아해 몇 그루 캐다가 백련암 앞 화단에 심어놓았다. 백련암 일로 시멘트 포대를 화단 가에 쌓아두게 된 날이었다.

큰스님이 마당에서 산책을 하다가 누운 향나무 가지 하나가 시멘트 포대에 눌려 있는 것을 보고는 마침 지나가던 한 스님에게 말했다.

"향나무 가지가 저렇게 눌려 있는데, 니 보기 좋나?"

시멘트 포대를 치우라는 명령이다. 그런데 마침 지게에 짐을 지고 가던 그 스님은 "예." 하고 대답하고는 지게의 짐을 내리느라 큰스님의 명령을 깜빡 잊었다.

큰스님은 그야말로 가야산 호랑이란 별칭에 걸맞을 정도로 산중을 뒤흔드는 고함을 지르셨다.

"어른 말이 얼마나 말 같잖으면, 향나무 가지 좀 편하게 해주라는데 뭣이 바빠서 말도 안 듣노. 아까 그놈 당장 불러와!"

그 기세에 눌려 아무도 가까이 가지 못하고 벌벌 떨고 있었다. 그러자 큰스님은 향나무 가지를 누르고 있는 시멘트 포대를 갈기갈기 찢었다. 원주스님이 달려가 백배 사죄하고서야 포대를 겨우 치울 수 있었다.

성철스님은 그런 자신의 성격을 누구보다 잘 알고 있었다. 내가 출가하던 그해, 큰스님이 환갑이 되셨는데 40~50대에는 성격이 더 불같았다고 한다. 백련암에 자리를 잡은 것이 1967년인데, 그 무렵엔 잘못한 일이 있으면 신발을 벗어서 스님들의 등짝을 내리쳤다고 한다.

물론 60대 큰스님이 그럴 수는 없었지만 결기는 여전히 느껴지던 무렵이었다. 큰스님이 화를 내셨다가 풀어진 어느 날 한마디 던지셨다.

"내가 옛날에 비하면 지금은 자비보살이 다 됐제!"

성철스님 모시기

성철스님을 모시면서 그 급한 성격을 이해하고 익숙해지는 데는 오랜 시간이 필요했다. 행자, 시찬 시절만이 아니라, 나중에 원주의 소임을 맡아 10년이란 세월을 같은 암자에서 살면서 큰스님 모시기의 노하우를 익혀나갔다.

행자와 시찬 시절, 성철스님의 질문에 곧이곧대로 대답했다가 사형들이 혼나는 것을 여러 차례 보면서부터 내가 개발한 것은 "모릅니더."라는 대답이다.

처음엔 나름대로 사형들의 입장을 고려해 조금씩 둘러대곤 했다. 그런데 큰스님이 자꾸만 캐물으면 어느 순간 조금씩 둘러대던 말이 거짓말이 된다. 그 거짓말이 다시 문젯거리가 된다. 순간적으로 이리저리 둘러대다 보니 나 스스로 그때 무슨 말을 했는지 잘 기억하지 못하는 경우가 많다. 그런데 큰스님은 그 둘러대는 말을 다 기억하셨다.

"이놈아, 며칠 전에 한 말인데 오늘 또 해!"

그럴 때마다 아차 하며 다시 둘러대야 한다. 큰스님에게 둘러대려면 내가 더 똑똑하게 굴어야 하는데 그것이 잘 되질 않았다. 그렇게 꾸중을 들어가며 터득한 비법이 "모르겠심더."다. 몇 번을 거푸 모르겠다고 말씀드리니 성철스님이 답답한 듯 화를 냈다.

"야, 인마! 와 요새 와서 모르는 기 그리 많아졌노?"

그럼에도 불구하고 큰스님이 모르시고 지나가는 편이 낫다는 판단에서 "모르겠심더."를 연발하니 큰스님도 어쩌지 못했다.

성철스님을 모시며 배운 또 다른 노하우는 큰스님의 급한 성격에 맞춰 일을 처리하는 것이다. 큰스님은 무슨 계획을 거창하게 세워 장황하게 보고하면 듣는 둥 마는 둥 하신다. 그러고는 다음날 아침 다시 불러서 "내가 생각하기에는 이렇고 저렇고 하니 해서는 안 되겠다. 없던 일로 해라."라고 말씀하신다.

그러니 무슨 일을 성사시키려면 큰스님의 말씀이 떨어지

자마자 서둘러 추진해야 한다. 야구에 비유하자면 성철스님이라는 투수가 던지는 공을 홈런이나 3루타로 멋지게 때리려 하면 안 된다. 그러다간 삼진 아웃되기 십상이다. 일단 단타 위주로 조금씩 큰스님의 마음을 얻어야 하는 것이었다.

일단 1루에 나가는 것이 중요하다. 무슨 일이 있으면 미리 저녁에 장황하게 보고하는 것이 아니라 아침에 들어가서 "이런 일이 있는데 이렇게 하면 어떻겠습니꺼?"라고 그 자리에서 바로 여쭙고 대답을 얻으면 바로 시행해야 한다.

전날 밤 미리 설명하면 다음날 "하지 마라."라는 대답을 듣기 십상이고, 이런저런 계획을 자세히 보고하면 "세상 넓은 줄 모르고 깨춤 추지 말라."라는 훈계를 듣기 십상이다.

당시엔 큰스님이 왜 그렇게 반대만 하시는지 잘 이해가 되지 않았다. 그런데 절집 생활에 연륜이 쌓이면서 큰스님의 마음을 어느 정도 이해할 수 있었다. 그동안의 경험에 비춰보면 스님들이 무엇을 한다고 벌이기는 벌이는데 그 뒷마무리가 부실한 경우가 많았다. 그러니 매사를 준비하고 준비해 차근차근 해나가야지, 계획만 잔뜩 세워놓고 허풍으로 끝나서는 안 된다는 것이 큰스님의 생각인 것이다. 따라서 큰스님의 허락을 얻으려면 꼭 필요한 범위 내에서 내

실 있게 준비해 보고해야만 했다.

언젠가 법정스님이 이런 말을 했다.

"성철스님은 저렇게 성격이 급하고 격하신데, 원택이는 성격이 느리고 느긋하네. 가만 보면 성철스님과 원택은 찰떡궁합 같네."

당시에는 "아이구, 찰떡궁합이 아니라 악연입니더. 내가 전생에 무슨 잘못을 저질렀기에 이렇게 무서운 스님을 만났는지 모르겠심더." 하며 파안대소하고 지나쳤지만, 법정스님의 평가가 지금도 가슴에 와 닿아 웃음이 난다.

나의 수행기

평생 참선에 전념해온 성철스님이 참선 수행과 관련해 강조하는 확고한 원칙이 몇 가지 있다. 그중 하나가 글을 읽지 말라는 것이다. 지금도 귓속에 쟁쟁한 큰스님의 가르침이다.

"내가 전에도 말했던 것처럼 육조 혜능대사는 본래 무식꾼이었지만 자성을 깨쳐서 부처를 이룬 뒤에는 무진법문을 자유자재로 하게 됐다는 거라. 니는 대학도 졸업했다 하니 누가 니 보고 무식하다 하겠노? 그러니 앞으로 절대로 책 보지 말고 내가 준 삼서근 화두를 열심히 하거래이. 참선 잘해서 마음 깨치는 것이 근본이지, 다른 것은 아무 소용이 없데이."

앞서 말했던 것처럼 큰스님이 늘 인용했던 혜능대사는 중국의 선불교를 크게 일으킨 당나라 스님이다. 가난한 집안에 태어나 제대로 교육을 받지 못했는데도 금강경 한 구절을 얻어 듣고 깨달음을 얻어 불교 선사상의 정수를 이해하고 실천하셨다고 한다. 큰스님이 주장하는 돈오돈수론을 설파한 역사적 모범을 이룬 것이다.

책을 보는 것이 오히려 참선 수행에 방해가 된다는 뜻이다. 처음에는 다행이라고 생각했다. 큰스님이 소중하게 보관하고 있는 불교 서적이 무려 7~8천 권이나 장경각에 소장돼 있는데, 그 책을 다 읽으라고 할까 봐 내심 걱정하고 있었기 때문이다.

책 보지 말라는 말을 들으니 장경각에서 해방된 듯 마음이 가벼웠다. 그런데 하지 말라고 하면 더 하고픈 것이 사람의 마음 아닌가. 어느 날 마당을 지나는데 헌 신문지 조각이 이리저리 펄럭이며 나뒹굴고 있었다. 무심코 주워들었다.

"이것이 글자인가?"

오랜만에 보는 활자는 몹시 반가웠다. 나도 모르게 마당에 서서 주운 헌 신문을 읽고 있었다. 언제 나타났는지 큰스님이 다가왔다.

"이놈아! 내가 책 보지 말라고 했으면 안 봐야지, 그새 그걸 못 참아 헌 신문 쪼가리 들고 눈 빠지게 보고 있어. 이 나쁜 놈아!"

큰스님이 고래고래 호통을 치셨다. 아무 변명도 할 수 없었다. 그저 얼굴만 벌겋게 달아오를 뿐이었다. 하필이면 그 짧은 순간에 나타나서 현장을 들켰으니 옴짝달싹할 수가 없었다.

"이제 다시는 글을 보지 않겠심더."

백배 사죄하고 다짐 또 다짐했다. 그러고 나니 얼마간은 멀리 있는 책만 봐도 몸서리가 쳐졌다. 그런데 그렇게 책을 멀리한다고 참선 공부가 잘되느냐 하면 그것도 아니었다.

"부처님을 물었는데, 어째서 삼서근이라 했는고?"

삼서근이란 화두를 붙잡고 아무리 집중을 하려고 해도 헛생각만 들었다. 지난 세월의 내 행적이 주마등처럼 떠올랐다 사라지곤 했다. 오로지 화두의 의심만 떠올라야 하는데, 머릿속에 화두는 없고 망상만 가득하니 정말 말 그대로 답답하고 환장할 노릇이었다.

밥을 짓는 공양주와 큰스님 찬상을 차리는 시찬 노릇을 하면서 그렇게 열심히 화두에 전념하려고 해도 되질 않았다. 잡념을 멈추려 해도 멈춰지지 않았다. 차라리 아무 생각 없이 바쁘기만 하면 일에 빠져 잡념은 없었다. 몸은 피곤했지만 마음은 오히려 편했다.

그렇게 화두를 들기만 하면 황톳길 내달리는 망아지처럼 헛된 생각이 뿌옇게 일어나니 도저히 참고 견딜 수가 없었다. 하루는 성철스님을 찾아뵙고 마음속 갈등을 털어놓았다. 큰스님이 한참 동안 빤히 내 얼굴만 쳐다보다가 낮은 목소리로 타일렀다.

"그 자슥, 헛생각하고 앉았으면서 지는 디기 공부하는 줄 아는 가배. 그게 다 일념一念이 안 된다는 말이니, 더욱 열심히 해야제!"

큰스님 방에서 물러나오면서도 잡념은 떠나지 않았다. 당시로서 내가 내린 결론은 '내가 전생에 죄를 많이 지어 업장業障이 두터운가 보다'라는 것이었다. 그래도 답답해 가까운 한 스님에게도 물어보았다.

"나는 참선하려고 앉았다 하면 생각지도 않았던 헛생각들이 죽 끓듯이 일어나는데, 스님은 어떻습니꺼?"

나보다 두 해 먼저 출가했지만 나이로는 여섯 살이나 아래인 스님이다. 대답에 망설임이 없었다. 지금은 떠나고 안 계신 원명스님이다.

"나는 앉아 있으면 편안하고 아무런 망상도 떠오르지 않는데, 스님은 어째서 그렇게 헛생각이 많다고 하는 거요? 잘 이해가 안 되네."

나는 속으로 중얼거렸다.

"6년을 더 산 세상살이가 나를 이렇게 힘들게 하는가?"

많은 사람들이 깨달음을 얻었다며 큰스님을 찾아오는 경우가 적지 않았다.

이런 경우 깨달음을 얻었다고 주장하는 스님에겐 성철스님과 독대할 수 있는 기회가 주어진다. 깨달음의 세계는 두 사람만이 주고받을 수 있는 것이기 때문이다.

고함소리가 밖에까지 들리는 경우도 있고, 오랜 침묵이 흐를 때도 있다. 독대가 끝나고 깨달았다는 스님이 돌아가고 나면 성철스님은 크게 두 가지 반응을 보이신다. 먼저, 기분이 좋은 경우다.

"내 말 잘 듣고 갔다. 내가 뭐라 했나 하면, '니가 지금 깼다, 알았다는 것은 바른 것이 아니다. 그러니 니가 나를 믿는다면 내 가르친 대로 고치고 더 열심히 정진해라'라고 타일렀지. 그러니까 그놈이 '지금껏 제 공부가 다 된 줄로 잘못 알았는데, 앞으로 큰스님 가르침에 따라 더 열심히 공부해보겠습니다' 카더라."

성철스님이 노기등등한 경우는 가르침이 통하지 않은 날이다.

"그놈이 공부 다 했다 하길래, '뭐가 다 했노? 니, 지금 내하고 이야기하면서도 화두가 잘되나?' 하고 물어봤다. 그런데 그놈이 '스님, 화두 드는 거 그것이 무슨 문젭니까? 저는요 좌복 위에 가만히 앉아 있으면 번뇌망상이 하나도 일어나지 않고 저 청천하늘처럼 맑아서 마음이 편하기 이를 데 없는데 내가 왜 화두를 듭니까? 화두를 들었다 하면 오히려 망상이 생기는데요. 화두 없이 가만히 앉아 있는 것이 얼마나 좋은데……'라는 거라. 그래서 내가 '그거는 무기에 빠진 거지, 진짜 참선 공부가 아니데이. 그러니 가만히 앉아 있어서 좋은 거 다 내버리고, 그 자리에 화두가 들어서도록 다시 공부해라' 하고 타일렀지. 그런데 이 자슥이 말을 못 알아듣고 '아닙니다. 스님이 틀렸습니더. 내 마음이 맑은데 무슨 공부를 다시 하랍니꺼? 나는 이것으로 깨쳤으니 공부 다 마쳤심더'라고 버티는데, 아무리 말해도 안 들대. 그래서 탕탕 쳐서 다시는 내 앞에 못 오게 했제!"

두 경우 모두 사실은 무기에서 비롯된 무기병이다. 참선 수행하는 스님들이 여러 장애물을 넘어 마지막으로 부닥치는 장애다.

처음엔 산란심으로 화두도 못 챙기고, 다음엔 상기병이 생겨 화두를 들지 못하고, 그 다음엔 잠이 쏟아지는 수마로 화두를 챙기지 못한다. 그렇게 고생하며 정진해 이 어려움들을 다 이기고 나면 마지막으로 나타나는 것이 무기병이다. 큰스님도 이 마지막 단계의 장애를 특히 경계했다.

"무기병에 떨어지면 헤어나기 힘들데이. 너그도 조심해야 된다. 화두는 들리지 않지만 마음이 전과 비교하여 그렇게 편할 수가 없고, 그래서 자기는 깨쳤다는 착각에 빠지거든. 착각하고 나면 거기서 벗어나기가 정말 어렵지."

성철스님이 나이가 드시면서 더 이상 독대 관행은 불가능해졌다. 큰스님이 무기병을 지적하면 큰스님이 틀렸다면서 육탄으로 달려드는 스님들이 있었기 때문이다. 그래서 나중에는 열중 소임을 맡은 중진 스님들이 입회하게 됐다.

지금도 기억에 남는 것은 해인사 산내 비구니 암자 약수암에서 수행하던 한 비구니 스님이다.

"내가 깨쳤으니 큰스님 뵙고 인가印可(깨쳤음을 증명하는 것)를 받으려고 합니더."

그래서 내가 먼저 물었다.

"그러면 성철스님께서 '스님의 경계가 어떻다 하드냐'고

물으시면 뭐라 대답할까요?"

"내가 가만히 앉아 선정에 들면 시방세계가 내 몸에서 나는 향내로 가득하다고 일러주이소."

나는 성철스님께 비구니 스님이 찾아온 사연을 그대로 보고했다. 큰스님은 오히려 나를 뚫어지게 쏘아보다가 호통을 치셨다.

"지 몸에서 나는 향기가 우주 전체에 가득하다 하는데, 지 옆에 있는 사람은 와 냄새를 못 맡는고? 이 자석이, 니 놈도 똑같다."

혼비백산해서 물러 나와 비구니 스님에게 말했다.

"그럼 스님 옆에 있는 대중스님들도 그 향기를 맡습니까?"

"아니, 내가 깨쳤는데 내만 맡아야지요!"

그때 그 비구니를 돌려보내는 데 꽤 애를 먹었던 기억이 난다.

쉽지 않은 원주 노릇

성철스님이 사시던 백련암 살림살이를 총괄하는 원주의 자리를 맡게 된 것은 출가하고 대여섯 해가 지나서였다. 참으로 실패의 연속이었던 행자 시절을 마치고, 성철스님의 무염식을 책임지던 시찬 소임까지 마무리 짓는 데 두세 해가 걸렸다.

행자, 시찬의 의무를 마치고서는 몇 년 간 화두를 들고 참선하는 데 정진했었다. 그러다가 상기병이 걸려 고생하면서 무진 애를 먹던 무렵 성철스님이 불렀다.

"니, 절에 들어온 지도 대여섯 해는 됐제. 그런께 아무리 곰 새끼 같은 니도 인제는 절 살림살이가 어떤 줄 대강은 눈치챘겠제. 상기병도 치료할 겸 해서 인제부터는 좌복에 앉아 있지만 말고 원주 소임 맡아가지고 다니면서 화두해라. 그라믄 한결 머리도 맑아지고 참선 공부도 쉬워질 끼라."

성철스님이 상기병으로 고생하는 내 모습을 보면서 여러 모로 고려한 끝에 내린 명인 듯했다. 미리 준비해두신 듯 세심한 당부의 말씀을 덧붙였다.

"육조스님께서도 좌복 위에 앉아 조는 수좌가 있으면 행선行禪(걸어다니며 참선함)하라고 일부러 방에서 쫓아내 버렸다 아이가. 또 육조스님도 동선動禪을 강조하셨고 하니, 니도 앞으로는 움직이면서 화두 공부 해봐라."

육조스님, 즉 혜능스님도 걸어 다니면서 참선하는 행선과 돌아다니면서 참선하는 동선을 강조했듯이, 성철스님도 나에게 좌선 대신 걷고 돌아다니는 수행을 권한 것이다.

걷고 돌아다니는 일이 가장 많은 소임이 바로 원주다. 큰 절의 주지와 같은 역할인데, 작은 절이나 암자는 대개 주지 대신 원주라고 부른다. 보통은 주지스님이 있고 원주의 소임을 맡은 스님이 따로 있어 실질적인 살림살이를 맡기도 한다. 그러니 생각보다 원주의 역할과 책임은 적지 않다.

절집에선 철저히 계절의 흐름에 맞춰 한 해를 설계하고 살아간다. 엄동설한이 지나고 응달의 잔설이 녹을 무렵, 진달래가 피기 시작하면 밭을 갈고 봄채소를 심을 준비를 한다. 다음으로 감자 눈을 따 감자씨 뿌릴 준비를 해야 하고, 7월 말이면 감자를 캐고 밭갈이를 한 다음 배추씨, 무우씨, 갓씨를 뿌린다. 가을이 깊어지면 김장을 담고, 정월이 되면 메주를 쑤어 장을 담고 고추장을 만든다.

이 모든 살림살이의 책임자가 원주스님, 바로 나의 소임이 됐다. 행자 시절부터 실수 연발이었던 나에게는 벅찰 수밖에 없었다. 그런데도 성철스님은 나에게 암자 살림을 맡겼다. 선뜻 이해가 되지 않았지만 맡겨진 책임이니 또 실패를 하더라도 최선을 다할 수밖에 없는 것이 아니겠는가.

겨울이 지나고 원주로서 첫 봄을 맞았다. 다른 스님들과 암자에서 일을 도와주는 평신도 일꾼을 데리고 밭을 갈러 나갔다. 쑥갓, 당근, 시금치 등을 심었다. 여전히 서툴렀지만 예전처럼 엉뚱한 실수는 하지 않았기에 신참 스님들에게 제법 일도 가르치며 밭일을 할 수 있었다.

원주스님에게 중요한 일 중의 하나는 암자 바깥으로 장을 보러 다니는 것이다. 암자 텃밭에서 농사짓는 것이라고 해야 겨우 김치 담글 정도에 불과하니 나머지 채소는 모두 백련암에서 20리 정도 떨어져 있는 가야장에 가서 구해 와야 한다.

나 같은 스님 입장에서는 장 보러 다니는 것도 쉬운 일만은 아니었다. 주부들처럼 이것저것 집어보고, 맛도 보면서 장을 보는 것도 아닌데다 길게 흥정을 하는 것도 어색했다.

장에 나가는 길도 간단치 않았다. 닷새에 한 번씩 열리는 장날에 맞춰 산속 오솔길과 돌길을 따라 30분 가량 걸어가야 시외버스 정류장이 나왔다. 버스로 장터에 도착해 물건을 사고는 다시 그것들을 전부 메고 산을 올라야 하니 예삿일이 아니었다. 그럼에도 불구하고 스님들의 수행을 돕는다는 일념으로 열심히 들락거렸다.

원주 소임을 맡을 당시 백련암에는 스님들이 대여섯 명 정도 같이 살고 있었다. 그러나 찾아오는 신도들의 찬거리까지 장만하려면 여기저기 열심히 들러야 한다. 스님이 몇 명 되지 않아 누굴 데리고 갈 수도 없어 물정도 잘 모르면서 혼자서 돌아다녀야 했다. 그러니 제대로 물건을 살 리가 없었다. 물론 들르는 곳은 주로 채소 가게이고, 채소 가게라야 시골 아주머니나 할머니들이 길바닥에 줄지어 앉아 채소를 늘어놓고 한 줌씩 파는 정도에 불과했다. 그래서 어느 채소가 싱싱한지 둘러보고 대충 마음 짚이는 곳에 가서 물건을 사곤 했다.

그런데 첫눈에 분명히 가장 좋고 싱싱한 채소를 샀다 싶어 기분이 좋아서 쾌재를 부르며 일어섰는데 다음 모퉁이를 지나다 보면 내가 산 물건보다 더 좋은 것을 값까지 싸게 부를 때가 있다. 그럴 때면 너무 속이 상해서 그 자리에 털썩 주저앉고 싶을 정도였다.

'좀 더 둘러 볼걸' 하며 속으로 후회하지만, 장보기에 별로 익숙지 않은지라 그 버릇은 쉽게 고쳐지지 않았다. 그러다가 나중에는 빨리 물건을 살 것이 아니라 둘러보고 남들이 산 뒤에 더 좋은 것을 사야겠다는 생각이 들어 시간을 죽이고 있었다. 그런데 그러다 보니 언제 사갔는지 웬만큼 좋은 물건은 남들이 먼저 다 사 가고 파장에 남은 것만 사오는 꼴이 되고 말았다.

나중에야 비로소 깨달았다. 시장이 서고 처음 한두 시간은 물건이 잘 팔리지 않는다는 것을 말이다. 그러다가 두 시간쯤 지나면 여기저기서 흥정이 시작되고 물건이 본격적으로 팔리기 시작한다.

그러나 백련암까지 올라와야 하는 나는 느긋하게 맴돌이를 할 수가 없었다. 그러니 다른 사람들보다 먼저 물건이 좋다 싶은 곳에서 흥정을 시작해야 했다.

그런데 내가 쭈그리고 앉아 채소를 만지작거리고 있으면 다른 아주머니들이 몰려들곤 했다. 물건을 구경하던 사람들이 스님인 나를 보고 '무슨 좋은 물건인가' 하며 관심을 보이기 시작하고, 그러다 보면 흥정을 하게 된다.

그런 시선들에도 어지간히 익숙해질 무렵, 장을 보고 나오다가 국일암 성원스님과 마주쳤다. 국일암은 백련암으로 올라가는 도중에 있는 비구니 암자다. 나이가 많은 성원스님은 국일암 살림을 맡아 장을 보러 나오곤 했다.

"스님, 오늘 장 잘 봤소?"

가까이 살기에 평소 안면이 있는 노비구니 스님이라 무심코 "예, 잘 봤심더" 하고 대답했다. 그런데 성원스님이 "어디 걸망 한번 봅시다." 하며 쓱 다가온다. 이리저리 보더니 묻는다.

"이거 전부 얼마 주고 샀소?"

곧이곧대로 쓴 돈을 추산해 말했다.

"아이구! 스님요, 내 그럴 줄 알았다. 그 물건 사는 데 그렇게 값을 많이 주면 우짜겠노?"

성원스님이 혀를 끌끌 찼다. 그러면서 "내가 시장 보는 것 한번 구경하고 다음부터는 장을 잘 보소." 하면서 나를 다시 시장으로 데려갔다. 가지를 한 무더기 살 경우, 흥정하면서 서너 개 더 놓고 또 돈을 주면서 두 개 더 얹는다. 다시 걸망에 챙겨 넣으면서 세 개를 더 넣는 식이었다. 그러니 내가 장 본 돈의 반만 쓰면서도 물건을 더 많이 사가는 것이다.

"장은 이렇게 보는 거라요. 스님 알겠소?"

그저 "예, 예." 하고 대답하고는 얼굴을 붉히며 돌아왔다. 그 이후로는 장날에 성원스님을 만나 "오늘 장 잘 봤소."라는 질문을 받으면 걸망을 열어 보이면서 자신 있게 말했다. 그러면서도 혹시 하는 마음에 실제로 내가 지불한 돈의 절반 정도로 샀다고 거짓말을 했다. 그제야 "스님도 이제 장 볼 줄 아네."라는 칭찬을 들을 수 있었다. 그나마 쑥스러워 나중에는 장터 거리에서 성원스님을 보면 아예 멀리 돌아서 줄행랑을 놓곤 했다.

그렇게 나름대로 열심히 5일장을 찾아다니며 스님들을 위해 부지런히 사서 날랐는데, 성철스님은 반응이 없었다. 나중에 알고 보니 열심히 장에 다니는 것을 아주 못마땅하게 생각하고 계셨던 것이다.

독초소동

그날도 장에 갔다가 지고 메고 들고 온 짐을 풀어놓고 땀을 훔치고 있었다. 그동안 별말이 없던 성철스님이 다가왔다.

"원주 시켜놓았디만 장똘뱅이 다 됐네!"

한다고 열심히 하고 있는데, 이 무슨 말씀인가. 어리둥절해 있는데 성철스님의 말씀이 이어졌다.

"밭에 있는 거 먹으면 됐지, 뭐 한다고 장날마다 장 보러 다니노? 전번 원주는 장도 안 보고 잘살더니만, 니는 장날마다 다니노? 참선이나 잘하라고 원주시켰디만 참선은 안 하고 영 장똘뱅이 다됐네?"

안쓰러워 그러는지, 정말 나를 장똘뱅이 취급하시는지

잘 분간이 되질 않았다. 그렇게 질책 아닌 질책을 듣고 며칠이 지났다. 경남 울주군에 있는 비구니 절인 석남사 스님들이 하안거를 앞두고 큰스님께 문안을 드리러 왔다. 비구니 스님들이 큰스님께 인사 드리고는, 큰 대나무 소쿠리를 달라기에 대여섯 개를 주었다. 비구니 스님들은 모두 뒷산으로 올라갔다.

그리고 한두 시간이 지났을 무렵, 스님들이 소쿠리 가득 풀잎을 뜯어 와선 샘가에서 씻고 있었다. 바로 그때 성철스님이 나오셨다.

"지금 너거들 뭐 하고 있노?"

나이가 들어 보이는 한 비구니 스님이 대답했다.

"아이고 큰스님, 이때쯤 뒷산에 올라가면 좋은 산나물이 꽉 차 있습디더. 우리가 지금 산나물로 반찬하려고 씻고 있심더."

성철스님이 나를 은근히 노려보며 한마디 했다.

"그래, 우리 원주는 산에 있는 이런 좋은 산나물은 뜯어 먹을 줄 모르고 장날마다 장에 가 사 와야 직성이 풀리는 기라. 내가 장똘뱅이짓 고만해라 해도 소용이 없어!"

말을 마치자마자 휙 돌아서 방으로 들어가 버리셨다. 비로소 뭐가 잘못됐는지 알 수 있었다.

비구니 스님들은 산나물로 끼니를 잘 해결하고 떠났다. 아니나 다를까, 저녁예불이 끝나자 시자가 와서 큰스님이 나를 찾으신다고 했다. 죽었구나 싶은 생각에 풀이 죽은 채 성철스님의 방으로 들어가 먼저 절을 올렸다.

"니 오늘 그 비구니 스님들 산에 올라가 산나물 뜯어 오는 거 봤제? 그동안 니가 우째 하는가 두고 봤는데, 이제 더 못 보겠다. 다시는 장에 가지 말고 산나물 뜯어 먹어라 이. 한 번 더 장에 가면 당장 쫓아버리뿐다."

다음날부터 당장 소쿠리를 들고 뒷산으로 올라갔다. 그런데 도대체 어떤 풀이 먹는 것인지 알 수가 없었다. 산에는 독초가 많다는데, 함부로 뜯어 갈 수도 없고 난감했다. 대강 뜯으며 산을 오르내리던 중이었다. 애기 손가락만 한 굵기로 키가 30~50cm 정도 되는 덤불숲을 이루고 있는 풀이 있어 한 가지 꺾었다. 마침 동네 아주머니가 올라오기에 물었다.

"이거 묵을 수 있능교?"

"아이고 스님, 그거 고사리 아임니꺼? 스님은 고사리가 어째 생겼는지도 모르면서 산나물 뜯으러 다니능교?"

그 정도로 몰랐다. 동네 아낙한테까지 핀잔을 들어가며 조금씩 배워갔다. 초여름이 되니 햇순이 돋아나기 시작했다. 장에 나가지 않고 백련암 주변 산을 몇 달 간 헤매며 산나물을 꺾어다 먹었는데 아무래도 반찬 나물이 모자랐다. 당시 백련암 경내엔 원추리(망우초)가 많아 햇순을 삶아 원추리나물을 해먹기도 했다.

하루는 뒷산 위쪽 대신 일주문 밖 아래쪽으로 내려가 나물을 소쿠리 가득 뜯어 와 샘가에서 열심히 씻고 있었다. 어느 새 성철스님이 나오셔서 어깨너머로 나물 씻는 모습을 유심히 살펴보고 계셨다. 그 가운데서 유난히 색깔도 곱고 잎도 두툼한 풀잎을 하나 집어 드시고는 나에게 물었다.

"니, 이거 무슨 풀잎인지 아나?"

뭔지 모르지만 솔직하게 대답했다.

"빛깔도 곱고 잎이 두툼한 것이 보기에 좋아 꺾어 왔심더."

성철스님이 고함이 터져 나왔다.

"이 자슥이 대중 다 죽이겠네! 이 잎은 사람이 먹으면 죽는다는 초우 아이가. 독초다 독초, 이놈아! 니는 그것도 모르고 꺾어 왔나!"

초우 풀은 독초로서 드라마에서 왕비들이 마시고 죽는 탕약을 만드는데 그 뿌리가 쓰인다는 것이다.

한참 꾸중을 하시더니. 큰스님이 한마디 내뱉으셨다.

"니는 아무래도 안 되겠다. 이러다간 대중 다 죽이겠네. 내일부터는 장 봐 묵어라."

시루떡 소동

　　　　　겨울 동안 큰일은 간장, 된장을 만드는 일이다. 김장을 마치고 나서 콩을 삶아 메주를 만들어 양지바른 곳에 매달아 두었다. 쿰쿰한 곰팡이 냄새가 진동하면서 발효가 한참 되고 나면 음력 정월 말날[午日]에 메주를 깨끗이 씻는다. 그리고 소금물을 만들어 부어서 간장과 된장을 만든다. 메주와 섞인 소금물이 곧 간장이고, 메주건더기는 된장이다.

　그것도 처음엔 쉽지 않았다. 메주를 씻고 소금물을 붓는 날은 온 대중이 나서서 울력을 해야 했다. 소금물 농도가 진하면 된장이 짜서 맛이 없게 되고, 소금물 농도가 연하면 된장이 제대로 되질 않아 소금을 뿌려야 한다. 나중에는 비중계를 써서 소금물의 농도를 맞추었다. 그렇게 궁하면 요령이 생기는가 보다.

절 살림살이에 약간의 자부심이 생길 무렵, 하루는 큰맘 먹고 스님들을 위해 시루떡을 한번 만들어보자는 생각이 들었다. 그래서 마을의 떡 잘 만드는 아주머니에게 떡 만드는 방법을 자세히 물었다. 가르쳐 준 순서대로 떡시루에 쌀가루를 한 5cm 두께로 한 켜 놓고 그 위에 호두를 고물로 깔고, 또 쌀가루 한 켜 놓고 이번에는 잣을 고물로 깔고, 또 쌀가루 한 켜 놓고 건포도를 고물로 깔고……. 이런 식으로 다섯 겹으로 쌓아서 시루떡을 찌게 되었다.

백철 솥에 물을 붓고 접시를 띄워 놓고 떡시루를 솥에 얹고는 김이 새지 않도록 솥과 떡시루 사이를 쌀가루로 반죽해 바르고 불을 지폈다. 15분 지나니 떡시루 위로 김이 피어오르기 시작하였다.

'야, 이제 떡이 되는 모양이구나!'

잔뜩 자부심과 기대감이 부풀어 올랐다. 쾌재를 부르며 불을 열심히 지폈다. 김이 더욱 무럭무럭 피어올라 부엌 가득 서릴 정도로 불을 땠다. 한시간쯤 지나 이제 떡이 익었겠구나 싶어 떡시루 뚜껑을 열고 헤집어 보니 이게 웬일인가. 떡의 원료인 하얀 쌀가루가 익지도 않고 그대로 있는 것이었다.

'그렇게 불을 때고 김이 그렇게 솟아났는데 왜 그럴까' 하면서도 이런 의외의 상황에 놀라 더욱 열심히 불을 지폈다. 그렇게 얼마쯤 지나니 속에서 딸각거리던 접시 소리가 더 이상 들리지 않았다.

본래 떡을 찔 때 솥 속에 물이 얼마나 남았는지 밖에서 알지 못하므로 작은 접시를 하나 넣어둔다. 물이 끓으면 그 힘으로 접시가 들썩들썩거려 바깥으로 딸각딸각 소리가 들리기 때문이다. 따라서 그 소리가 멎으면 솥 안에 물이 없다는 뜻이다.

접시 소리가 들리지 않아 얼른 아궁이 속의 불을 끄집어내고 시루본을 뜯어내고 떡시루를 내려놓고 한참동안 솥을 식힌 다음 다시 물을 붓고 처음과 같이 시루본을 바르고 다시 불을 때기 시작했다. 그러기를 또 두 시간. 쌀가루는 여전히 하얀 생가루 그대로였다. 그때는 벌써 시루본을 세 번이나 다시 붙인 뒤였다. 도대체 알 수 없는 일이라 생각하며 골똘히 상념에 잠겨 있는데 느닷없이 성철스님의 목소리가 들려왔다.

"야, 이놈아! 지금 뭐 하고 있는 거고? 아침부터 김이 온 마당에 자욱하고, 지금이 오후 몇신데 아직까지 불을 때고 있노 말이다. 니가 떡을 찐다고? 니놈이 언제 떡을 해보았다고 이 난리냐. 내 백련암에서 원주란 놈이 떡 한다고 법석 떠는 거는 처음 봤다. 원주 때려치우고 당장 나가거라. 이런 고얀놈이 어딨어? 당장 나가, 이놈아!"

정말 무안하고 당황스러워 어찌해야 좋을지 몰랐다. 나 역시 부엌 아궁이 앞에 앉아 하루종일 불만 때고 앉아 있었으니 백번, 천번 야단맞아도 싸기는 싸다는 생각을 했다. 그렇지만 아무래도 이상해 그 떡 잘하는 아주머니에게 다시 전화를 걸었다.

제대로만 하면 떡을 찌는 데 걸리는 시간은 30분 정도, 길어봤자 한 시간 이상 걸리지 않는단다. 그런데 나는 거의 하루 종일 불을 땠는데, 떡쌀은 익지 않고 성철스님에게 된꾸중만 들은 꼴이다. 은근히 화도 나고 무슨 잘못인가 싶었다.

애꿎은 떡 잘하는 아주머니에게 항의 전화를 걸었다. 먼저 자초지종 설명을 하는데, 아주머니가 자꾸만 "그럴 리가 없는데예."라며 믿기지 않아 했다. 그러다 아주머니가 한참 무엇을 생각하더니 "스님 그럼 물반을 내렸습니꺼."라고 물었다. 금시초문이다.

"보살님이 일러주신 순서에는 물반 내린다는 말이 없었

는데, 그게 무슨 말입니꺼."

아주머니의 답답한 마음이 전화를 통해서도 느껴질 정도였다.

"아이, 그럼 물반도 내리지 않고 여지껏 불만 땠다는 말씀입니꺼? 쌀가루에 물반 안 내리고는 불을 백년을 때도 떡이 안 됩니더."

그 즈음에서 나도 화가 났다.

"아니, 그렇게 중요한 것이라면 왜 진작 말씀하시지 않았습니꺼."

시골의 불심 깊은 아주머니, 스님의 역정에 대번 기어 들어가는 목소리다.

"스님, 죄송합니더. 떡을 만들라 카믄 너무 뻔하게 다 아는 거라서 지가 그만 그걸 말씀 드리는 걸 잊어뿌렸심더."

알고 보니 첫단추부터 잘못 끼워졌다. 떡을 만들려면 쌀가루를 빻을 때 방앗간 주인에게 얘기를 해주어야 한다. 그래야 방앗간 주인이 쌀가루에 알맞게 물을 뿌려준다. 그것이 바로 물반 내린다는 것이다. 그래야 떡쌀이 익는다.

그런데 스님이 찾아와 아무 말도 없이 쌀을 빻아 달라고 하니, 방앗간 주인은 생식하려는 쌀가루인 줄 알고 물반을 내리지 않고 빻아준 것이다.

사태의 진상을 파악한 아주머니는 연신 "죄송합니데이."를 연발했다. 부랴부랴 응급대책을 물었다. 지금이라도 쌀가루 위에 골고루 물을 뿌리라는 것이다. 물을 부으면서 물방울을 손으로 흩어 골고루 뿌려야 하는데 그나마 익숙지 않은데다 물을 너무 많이 뿌려버렸다.

다시 불을 때니 금방 김이 오르고 그렇게 익지 않던 새하얀 쌀가루가 금세 익었다. 그런데 이건 또 웬일인가. 켜켜이 쌓아 둔 쌀가루가 코처럼 질퍽한 떡이 되어 엉켜버린 것이다.

'큰스님이 떡 하는 줄 아는데, 나중에 떡 어떻게 됐냐고 물으면 뭐라고 답하나.'

우선 걱정부터 앞섰다. 성철스님은 자신이 시킨 일에 대해 꼭 세 번을 묻곤 하셨다. 처음에는 "내가 시킨 거 니 잘했나?"라고 묻는다. 대개 처음에는 "예, 시키신 대로 잘했습니다." 하고 씩씩하게 대답한다.

성철스님은 좀 지나서 다시 불러 묻는다.

"내가 시킨 거 니 정말 잘했나?"

두번째 똑같은 질문을 받으면 뭔가 부족한 부분이 있나 없나 하고 긴가민가 되돌아보게 된다. 그러면 "예, 시키신 대로 잘하기는 했습니다만……." 정도로 끝을 약간 얼버무리게 된다. 그러다가 또 성철스님이 불러 묻는다.

"니 참말로 내 시킨 거 잘했나?"

거푸 세번째 똑같은 질문을 받으면, 내가 정말 큰스님 뜻대로 잘한 건지 못한 건지 스스로 판단이 흐려지고 만다. 그러니 자연히 "시키신 대로 하기는 했습니다만……." 하고 영 자신 없는 말투가 되어 버리곤 한다.

그렇게 마지막에 가서 서툴게 긴가민가하게 되면 영락없이 불호령이 떨어진다. 어른이 시키는 일에 그렇게 자신이 없어서 어떻게 하느냐는 것이다. 그러면 야단맞기가 겁나 이리저리 둘러대며 횡설수설하게 마련이다. 그러면 더욱 더 불같은 호령이 떨어진다. 첫째도, 둘째도, 셋째도 한결같이 확실히 대답해야 한다. 그렇게 큰스님 모시기는 긴장의 연속이었다.

그런데 큰스님이 시키신 일은 아니지만 이런 엉터리 떡을 만들었다고 어떻게 내놓을 수 있겠는가. 그렇다고 아까운 양식을 버렸다가는 정말 절에서 쫓겨난다. 결론은 하나다. 혼자서 다 먹는 것이다. 다섯 되나 되는, 그것도 질펀하게 코처럼 흘러내리는 떡을 혼자서 열흘 넘게 먹어치워야 했으니 고생깨나 했다.

그런 곤욕을 치른 이후에는 떡 찌는 법을 확실히 배워

스님들에게 떡을 해줄 수 있었다. 뿐만 아니라 내친김에 약밥 만드는 법도 배워 가을에 거둔 밤과 대추, 호두를 듬뿍 넣어 별식을 내놓기도 했다. 이후에도 음식 만들기를 익히는 과정에서 크고 작은 실수는 있었지만 시루떡 사건 같은 곤욕은 치르지 않고 살림을 꾸려갈 수 있었다.

그렇지만 고추장 만들기와 같은 고난도의 기술이 요구되는 음식은 끝내 배우지 못했다.

큰스님의 똥물 처방

산중에 살면서 가장 큰 문제는 땔감과 난방이다. 지금은 기름보일러를 사용하지만 1970년대만 해도 전부 구들방이라 나무를 사용했다. 나무하는 일 역시 원주인 내 소관이었다.

한 해 동안 쓸 땔감을 겨울이 끝나는 이른 봄부터 준비해둬야 한다. 겨울이 가고 입춘이 지나 3월이 되면 '물구리'라는 나무를 구하러 다닌다. 물구리란 큰 나무가 아닌 갓난아이 팔뚝 굵기만 한 나뭇가지를 절집에서 일컫는 말인데, 보통 잡나무로 50단 정도를 쌓아두어야 봄부터 가을까지 쓸 수 있다.

3월부터 서두르는 것은 4월이 돼 나무에 물이 오르기 전에 땔감 장만을 끝내야 하기 때문이다. 물이 오르고 나면 꺾어두더라도 나무가 쉽게 썩어버리거나 잘 타지 않는다. 그래서 3월이면 모든 스님이 물구리를 구하러 나서는데, 당시 백련암 주변 가까운 산에선 이미 물구리 구하기가 힘들어져 꽤 깊은 산속까지 들어가야 했다.

물구리 과정에서 가장 신경 쓰이는 일은 군청 산림과 단속반이다. 다른 연료가 없는데도 관청에선 불법이라며 물구리를 단속했다. 원주가 되고 얼마 지나지 않은 그날도 열심히 물구리를 구하고 있는데, 절에 남아 있던 시자스님이 헐레벌떡 뛰어 올라오며 고함을 질렀다.

"산림과에서 단속하러 왔으니까 얼른 모두 피하세요."

잔뜩 나무를 묶어놓은 현장이야 어쩔 수 없지만 일단 몸부터 숨겨 모면해야 한다. 지게, 톱, 낫 등 도구만 대충 챙겨서 깊은 산으로 도망갈 수밖에 없다.

한참 숨어 있다가 산림과 직원들이 산을 내려갔다는 얘기를 듣고 다시 나와 물구리를 한 짐씩 지고 산을 내려오던 길이었다. 지게 지고 험한 산을 내려오는 것은 쉬운 일이 아니다. 높은 곳에서 낮은 곳으로 내려올 때는 몸을 돌려 지겟발이 허공으로 가게 해야 한다고 누누이 주의를 받았는데 또 깜빡했다.

급한 마음에 그냥 높은 곳에서 낮은 쪽을 정면으로 쳐다보면서 내려오다 보니 뒤로 튀어나온 지겟발이 바위에 걸린 것이다. 그 바람에 몸이 가파른 산길 아래로 밀렸고, 짐 실린 지게와 함께 붕 떠버리고 말았다. 퍽 하는 소리와 함께 나는 의식을 잃었다.

지게는 지게대로, 물구리짐은 물구리짐대로, 안경은 안경대로 어디로 날아가 버리고 나는 산골짜기에 거꾸로 박혔다. 다행히 깊은 산속이라 낙엽이 두껍게 쌓여 있어 큰 사고는 면할 수 있었다. 10m 넘게 날아 떨어진 듯 한데 어디를 다쳤는지 꼼짝달싹할 수가 없었다. 스님들이 쫓아와 주무르고 법석을 피운 뒤에야 겨우 숨을 돌리고 일어나 앉았다.

'또 큰스님께 무슨 꾸중을 들을까?'

온몸이 삐걱대며 와르르 무너지는 듯한 순간에도 성철스님의 얼굴이 먼저 떠올랐다. 아프다는 소리도 못 하고 이를 악물고 겨우 방까지 걸어와서는 며칠을 꼼짝 못하고 드러누웠다. 후유증이 없었기에 하마터면 병신이 될 뻔 했는데 천만다행이었다. 아무런 말도 없이 얼굴이 보이지 않으니 당연히 성철스님이 시자스님에게 물었다.

"요새 와 원주가 안 보이노? 어데 갔나, 아이면 또 사고 쳤나?"

예전에 내가 그랬듯 당시 시자스님도 이실직고할 수밖에 없었다.

"산에서 나뭇짐 지고 내려오다가 공중제비로 나가떨어졌다 합니다."

방문이 벌컥 열리더니 성철스님 얼굴이 시야에 들어왔다.

"굼벵이도 꿈틀거리는 재주는 있다카더니, 니놈도 그 순간에 어찌 지게 벗을 생각은 했노? 니가 지게를 벗었으니 살아났제, 지게하고 같이 굴렀더라면 지금 백련암 초상 치른다고 시끄러울 뻔 했데이!"

잘 일어나지도 못하는 나의 몰골을 보며 안됐다는 듯이 느슨한 꾸중을 하던 성철스님이 돌아서면서 처방전을 내놓았다.

"어혈(瘀血) 든 데는 똥물이 최고라 했으니 똥물이나 얻어먹어라."

옛날엔 재래식 화장실 똥통에 대나무통을 박아두고 그 대나무 속으로 스며든 맑은 물을 귀중한 약으로 썼다고 한다. 뼈 다친 데나 타박상에는 최고의 명약으로 통했다. 바로 그 똥통에서 나온 물(?)을 마시라는 말씀이다. 정신이 번쩍 들어 일어났다.

"인제 다 나았심더."

백련암의 텔레비전

 1970년대 말, 성철스님을 따르는 신도들의 모임을 이끌던 회장단이 텔레비전을 한 대 사들고 와 성철스님 방에 놓자고 했다. 성철스님은 당연히 반대였다.
 "나는 신문도 안 보고 라디오도 안 듣는 사람인데, 테레비는 무신 놈의 테레비고?"
 신도들이 억지로 "신문물이니 이용하셔야 한다"고 설득드렸다.
 "텔레비전 방송은 안 보시더라도 불교와 관련된 비디오테이프를 구해 드릴 테니 그것이라도 보시면 되지 않겠습니까?"
 그렇게 해서 백련암에 텔레비전이 들어왔다.

그 텔레비전 때문에 일어난 에피소드가 있다. 텔레비전이 들어오고 나서 얼마 뒤 성철스님의 심부름으로 나는 서울을 다녀오게 되었다. 심부름을 마치고 동대문야구장 앞을 지나는데 마침 모교인 경북고가 출전하는 야구 경기 입장권을 팔고 있었다. 당시 경북고는 야구를 잘해 서울에 있는 동창들은 모교가 출전하는 게임이 있으면 우르르 야구장으로 몰려가곤 했다. 그때는 프로팀이 없는 시절이니 고교야구가 최고 인기여서 야구도 보고 동창도 볼 겸 입장권을 샀다.

예전엔 동창들과 주로 1루나 3루 쪽에서 응원을 많이 했다. 동창들이 있으려나 하는 생각에 1루 쪽으로 갔다. 동창들이 보이지는 않았지만 얼마만에 보는 야구인가. 출가한 뒤 처음 서울에 온 거라 감개도 무량했다. 야구 경기에 몰두했다가 경기가 끝나고 밖으로 나오는데 몇몇 동창의 얼굴이 보였다. 가까이 다가가 인사를 하니 "중도 야구 구경 다 오냐."며 놀려대면서도 반가워했다.

그렇게 친구들과 옛 이야기를 나누며 즐거운 시간을 보내고는 백련암으로 돌아왔다. 걸망을 풀고 다른 스님들과 인사를 나누는데 얼굴색들이 이상했다. 어떤 스님은 히죽히죽 웃는 것 같기도 하고, 어떤 스님은 구름 낀 하늘처럼 어두운 얼굴이었다. 전에 느껴보지 못한 묘한 얼굴들이었다. 그때 한 사제가 다가와 할 말이 있다며 조용히 말을 건네왔다.

"그래, 무슨 말인지 해보시오."

"오늘 큰스님 뵈오면 크게 경칠 일이 생겼으니 단단히 각오하고 큰스님 방에 들어가야 합니더."

"왜, 또 무슨 일이 있었다고?"

사제를 다그치니 사건의 경위가 이랬다. 내가 서울로 심부름을 떠난 뒤 성철스님이 사제 스님 몇 사람을 불러 늘 하듯이 안마를 하게 했다. 그러면서 "너거들 심심할 테니 내 안 보는 텔레비전이나 봐라."라고 하신 것이다.

성철스님은 실제로 텔레비전 방송을 보지 않으셨다. 대신 상좌들이 안마를 하거나 할 경우엔 심심할 테니 텔레비전을 보게 허용했다. 마침 텔레비전을 켜니 동대문야구장에서 고등학생들이 야구하는 모습이 비춰졌다. 성철스님이 물었다.

"저기 뭐꼬? 뭐 하는기고?"

성철스님은 야구를 한번도 본 적이 없었다. 상좌들이 저건 야구라고 하는 운동 경기인데, 요즘은 고등학생들끼리 하는 경기가 인기 좋다며 한창 설명을 하던 중이었다.

그때 카메라가 1루석 뒤쪽에 앉아 있는 밀짚모자에 멈추었다. 점점 클로즈업, 밀짚모자 주인공의 얼굴이 커지는가 했는데 그게 바로 심부름 간 내 얼굴이었던 것이다. 클로즈업 된 내 얼굴을 본 성철스님이 큰 눈을 더 크게 뜨시며 물었다.

"저놈이 와 저기 가 있노? 심부름 시켰는데, 심부름이나 잘하고 저기 가 있는지 모르겠네. 그놈 참, 일 끝났으면 빨리 내려와야지 씰데없이 저기 와 가 있노?"

안마를 하던 스님들이 당황하기도 하고 신기하기도 해 키득거리기 시작했다. 그러던중 어느 순간 누군가 참다 못해 웃음을 터뜨리자 모두 한참을 웃었다는 것이다. 스님들이 왜 그런 묘한 표정을 짓는지 이해가 됐다. 동시에 덜컥 걱정이 앞섰다.

'우째 하필이면 그때 카메라에 잡혀가지고 이런 망신을 당하나?'

속으로 억울한 마음에 울화도 치밀었지만 이미 엎질러진 물이다. 내심 마음의 각오를 단단히 하고 성철스님의 방으로 들어갔다. 일단 절을 하고 시키신 심부름에 대해서 먼저 보고를 했다. 보고를 하면서도 언제 불호령이 떨어지나 하는 마음에 조마조마했다.

그런데 성철스님은 끝내 야구 이야기는 입 밖에 내지 않으셨다. 이미 지난 일에 대해선 거의 언급하지 않는 스님의 성정을 다시 한 번 확인했다. 무사히 큰스님의 방문을 나서면서 얼마나 기분이 좋았는지 모른다.

김병용 거사와 장경각

　　　　　참선을 강조하느라 늘 "책 읽지 말라"고 가르치셨던 성철스님은 정작 책을 아끼는 장서가이자 독서광이었다. 성철스님이 거처를 옮길 때마다 한바탕 치러야 하는 큰일이 바로 7~8천 권에 이르는 장서藏書를 옮기는 것이다. 백련암에 자리 잡고서는 아예 '장경각藏經閣'이란 별도의 건물을 지어 서고로 사용해야 할 정도로 책이 많았고, 성철스님은 그 어느 한 권도 소홀히 대하지 않았다.

　성철스님이 대규모의 장서를 갖게 된 것은 1947년 봉암사 결사를 시작하기 직전 경남 양산 내원사에 머물 무렵이다. 어느 날 성철스님과 절친한 도반 청담스님이 해인사에서 보내 온 편지가 도착했다.

"서울 사는 거사居士(남자 불교 신도의 존칭)가 한 분 있는데 경전에도 밝고 어록에도 밝다고 합니다. 그 거사가 '나보다 불전佛典 실력이 나은 스님이 오면 경전과 어록들을 다 주겠다'고 한다니 스님이 나와 함께 가서 그를 한번 만나 보시지요."

애긴즉슨 김병용이라는 거사가 대장경뿐 아니라 중국에서 발간된 선종 어록 등 3,000여 권의 희귀한 불교 관련 서적, 그리고 일부 목판본까지 소장하고 있는데 그것을 기증받을 고승高僧을 찾고 있다는 것이다. 당시 성철스님과 봉암사 결사를 준비하던 도선사 선원장 도우스님이 그때의 상황을 정확히 기억하고 있다.

"성철스님과 청담스님이 대승사에서 함께 수행할 때 주지가 김낙인 스님이었어요. 선방 앞의 큰 나무를 베어 넘기는 통에 주지의 속을 끓이기는 했지만, 두 분의 정진과 높은 학식은 김낙인 스님에게 깊은 인상을 남겼나 봅니다. 김병용 거사라는 분이 바로 김낙인 스님의 친척인데, 김 거사가 책을 시주받을 만한 스님을 물색해 달라고 부탁을 한 거예요. 그래서 김낙인 스님이 청담스님에게 연락했고, 청담스님은 자신보다 성철스님이 낫겠다고 생각해 같이 서울로 가자고 편지를 보내 온 것입니다."

김병용 거사는 충북 충주에 살던 천석꾼이다. 그는 불교에 심취했던 아버지로부터 불교 관련 서적을 물려받았다. 워낙 귀하고 어려운 책이라 자신이 간직하기보다 이를 잘 활용할 스님을 찾아 시주하는 것이 낫다고 판단한 것이다. 김 거사는 속내를 감추고 이 절 저 절 참배하며 마땅한 스님을 찾아다녔다. 틈틈이 불교에 대한 문답을 하기도 했다. 몇 년을 다녔지만 마땅한 스님을 못 찾던 중 성철, 청담스님을 소개받게 된 것이다.

"우리가 앞으로 총림叢林(교육과 수행 등 모든 기능을 갖춘 큰절)을 만들어 운영하려면 불교 서적이 꼭 필요하다"라는 판단과 "세속에 그렇게 해박한 거사가 있나?" 하는 호기심, 나아가 "얼마나 많은 경전과 어록을 가지고 있을까?" 하는 궁금증까지 더해져 성철스님은 당장 청담스님을 만나 서울로 올라갔다. 당시 세검정 밖에 있었던 김 거사의 집에서 김 거사와 청담, 성철스님이 만났던 상황에 대해 성철스님이 이야기를 들려준 적이 있다.

"김 거사가 보기 드물게 경전을 많이 읽었고, 특히 반야경전에 달통했더구먼. 그 사람이 한참을 이야기하는데, 가만 듣다 보니 유식학唯識學에 대해서는 한마디도 안 해! 그래서 내가 다 듣고 말했제. '거사가 아는 불교 이야기는 어지간히 했소?' 하니 '그렇습니다' 카는 거라. 내 차례다 싶어 유식학에 대해 한참 얘기했제. 자기가 모르는 유식학을 강론하니 귀가 번쩍 뜨였던 모양이라."

성철스님의 얘기를 다 듣고 난 거사가 만면의 웃음으로 화답했다.

"내가 선대로부터 물려받고, 또 지금까지 모으고 간직해 온 귀한 책들을 받아갈 만한 스님이 없으면 어쩔까 큰 걱정을 하며 살았는데, 오늘 이렇게 스님을 만나서 내 소원을 풀었습니다. 이 얼마나 다행입니까? 이 모든 것을 스님께 드릴 터이니 언제든지 가져가십시오."

한 차례의 만남으로 모든 얘기가 끝났다. 운반 수단이 없던 시절이라 방대한 장서를 옮기는 것도 예삿일이 아니었다. 도우스님이 자운스님에게서 운반비를 지원받아 결사 예정지인 봉암사로 옮겼다.

"1950년대만 해도 바다 건너 서구의 학술 자료들을 구하기가 불가능에 가까웠지요. 성철스님은 본인이 장서를 보거나 간혹 찾아오는 학자들과 얘기를 나누던 중 새로운 주장을 담은 책이나 자료가 나왔다고 하면 꼭 구해달라고 당부했습니다. 특히 관심을 많이 가졌던 것은 아무래도 불교 교리와 관련된 것들인데, 연줄 연줄로 여러 사람에게 부탁하기도 했지요." 천제스님의 전언이다.

성철스님은 나아가 영혼의 존재, 불교적 인식론을 담고 있는 물리학적 근거, 전생에 대한 실험을 담은 자료 등에도 관심이 많았다. 또 "불교가 늙은 종교라고 생각하는 일반적 관념은 맞지 않는다."며 국내외의 돌아가는 현실에도 많은 관심을 가졌다. 당시 정부 당국의 검열에 따라 한국 관련 기사를 모두 도려내 구멍이 뻥뻥 난 〈타임〉지를 수시로 구해 읽었으며, 세계적인 시사 화보집 〈라이프〉지도 사오라고 지시하곤 했다고 한다. 책과 자료에 관한 성철스님의 애착에 대해 천제스님은 말했다.

"아무래도 불교와 관련된 외국 자료는 일본에서 많이 나왔는데, 성철스님은 아는 사람들에게 그런 자료들을 구입해달라고 부탁하곤 했습니다. 한번은 『남전대장경』이라는 경전을 일본에서 주문했는데, 부산항에서 하역하던 중 인부들이 실수로 전질을 바다에 빠뜨려 수장水葬됐지요. 하지만 성철스님은 포기하지 않고 다시 부탁해서 결국에는 그 책을 구해 읽었습니다. 당시 성철스님은 우리나라에서 불교 관련 서적을 가장 많이 지닌 분이었고, 또 가장 많이 불교전문서적을 읽은 스님이었을 겁니다."

그렇게 성전암에서 10년간 공부한 결과가 이후 해인총림

방장 시절에 행한 백일법문百日法門으로 이어졌고, 이후 쉬우면서도 정곡을 찌르는 법문의 밑거름이 된 것이다. 성철스님은 스스로 공부할 뿐만 아니라 행자이던 제자들에게도 영어와 같은 세속적 학문의 중요성을 강조하고 가르쳤다. 천제스님이 '천재天才'라는 별명을 얻은 것은 바로 그 같은 성철스님의 교육열 때문이다.

"성철스님은 불전을 원전으로 읽고 이해하기 위해서는 범어梵語를 알아야 하고, 또 범어 공부를 위해서는 영어가 필수라고 하셨습니다. 그러면서 서울에 있는 어떤 교수에게 특별히 부탁해 저에게 영어를 가르치게 했습니다. 그래서 잠시 그 교수 분에게 배우고, 다음부터는 독학했지요."

동진출가童眞出家(어려서 출가)했지만 천제스님의 영어 실력은 상당한 것으로 유명하다.

천제스님과 더불어 또 한 분, 10년간 행자로서 성철스님을 모신 스님이 만수스님이다. 만수스님은 성정이 어질어서 큰스님이 참 좋아했다고 한다. 만수스님의 그런 성격을 말해주는 일화가 있다.

눈이 쏟아진 어느 겨울날, 큰스님께서 산책을 하는데 눈밭에 속옷이 널려 있는 것이 보였다. '빨래를 하기 싫어서 눈밭에 버렸나' 하고 생각한 성철스님이 버럭 소리를 질렀다.

"이거 누구 옷이고?"

그러자 만수스님이 뛰어나왔다.

"제 옷입니더."

성철스님이 "와 이렇게 눈 위에 옷을 버려놨노?" 하고 묻자 대답이 걸작이다.

"옷에 이가 많아 가려워 죽겠는데 그렇다고 죽일 수는 없고 해서, 지도 추우면 도망가지 싶어 눈밭에 옷을 걸쳐두었습니더."

성철스님도 그런 만수스님을 야단칠 수가 없었다고 한다. 그 만수스님의 별명은 '사전'이다. 성전암에 살면서 "공부하라"는 성철스님의 명에 따라 혼자 사전과 옥편을 줄줄 외우고 다녀 얻은 별명이다.

그리고 "중국고전 『맹자』를 백번 읽으면 한문문리가 트인다."는 말씀을 따라 『맹자』를 소리 내어 읽어야 했다는 만수스님의 회고다.

무서운 방장스님

성철스님이 해인총림의 방장이 될 당시 세수世壽(세속의 나이)는 56세였다. 총림의 최고 어른인 방장스님이 대중들에게 법문하는 것을 상당법문上堂法門이라고 한다. 방장으로 첫 취임한 후 대중들을 위해 설하시는 첫 법문은 개당법문開堂法門이라고 해 높이 평가한다. 방장스님 법문의 종류에는 저녁 예불을 마치고 안거 대중에게 하는 만참법문晩參法門과 때때로 하는 소참법문小參法門 등이 있다.

성철스님이 선방에 들이닥칠 때는 늘 한 손에 죽비를 들고 있었다. 방에 들어서자마자 상판(윗자리), 하판(아랫자리) 구분할 것 없이 조는 사람의 등줄기를 사정없이 내리쳤다.

"졸지 말고 밥값 내놔라, 이놈아!"

선방 스님이 졸면서 참선을 않는다면 절에서 공짜로 주는 밥을 먹을 자격이 없다는 꾸짖음이다.

"사람 못된 것이 중 되고, 중 못된 것이 선원 수좌 되고, 수좌 못된 것이 도인 되는 거라."

선방 수좌들은 세속의 기준으로 보았을 때 가장 못된 인간들이란 얘기다. 그리고 그중에서도 못된 인간이 도인이 된다는 주장이다. 같은 맥락에서 성철스님이 수좌들의 수행을 돕는 소임자(절에서 행정적인 직책을 맡은 스님)들에게 당부하는 말이 있다.

"주지 이하 소임 사는 너거들은 수좌들이 방에 똥을 싸놓고 뒹굴어도 허물 잡지 말고 외호外護를 잘해야 된대이!"

"그래도 결제가 되면 부처님 혜명을 잇겠다고 꾸벅꾸벅 졸든지 말든지 좌복 위에 앉아 있는 수좌들 모습이 얼마나 좋노! 저 속에서 그래도 한 개나 반 개나 되는 도인들이 나오는 기라! 그런 기대로 선방을 둘러보는 거 아이가! 저거들 없으면 난들 무슨 소용 있겠어?"

성철스님은 스스로 "쓸모없는 인간" "못된 인간"이라고 자처했다.

"천하에 가장 용맹스러운 사람은 남에게 질 줄 아는 사람이다. 무슨 일에든지 남에게 지고 밟히는 사람보다 더 높은 사람은 없다. 나를 칭찬하고 숭배하고 따르는 사람들은 모두 나의 수행을 방해하는 마구니이며 도적이다. 중상과 모략 등 온갖 수단으로 나를 괴롭히고 헐뜯고 욕하고 괄시하는 사람보다 더 큰 은인은 없으니, 그 은혜를 갚으려 해도 다 갚기 어렵거늘 하물며 원한을 품는단 말인가? 칭찬과 숭배는 나를 타락의 구렁으로 떨어뜨리니 어찌 무서워하지 않으며, 천대와 모욕처럼 나를 굳세게 하고 채찍질하는 것이 없으니 어찌 은혜가 아니랴? 항상 남이 나를 해치고 욕할수록 그 은혜를 깊이 깨닫고, 나는 그 사람을 더욱 더 존경하며 도와야 한다. 이것이 공부인(수행자)의 진실한 방편이다."

세속의 기준을 뒤집는 역설이다. 성철스님이 이 대목에서 비유하는 것은 '최잔고목摧殘枯木', 즉 '썩고 부러지고 마른 나무 막대기'다.

"부러지고 썩어 쓸데없는 나무 막대기는 나무꾼도 돌아보지 않는다. 땔나무도 되지 않기 때문이다. 불 땔 물건도 못 되는 나무 막대기는 천지간에 어디 한 곳 쓸 곳이 없는, 썩어 못 쓰는 물건이다. 이러한 물건이 되지 않으면 공부인이 되지 못한다. 공부인은 세상에서 아무 쓸 곳이 없는 대낙오자가 되지 않으면 안 된다. 오직 영원을 위하여 모든 것을 다 희생하고, 세상을 아주 등진 사람이 되어야 한다. 누구에게나 버림받는 사람, 어느 곳에서나 멸시 당하는 사람, 살아나가는 길이란 참선하는 길밖에 없는 사람이 되어야 한다. 세상에서뿐만 아니라 불법 가운데서도 버림받은 사람, 쓸데없는 사람이 되지 않고는 영원한 자유를 성취할 수 없는 것이다."

성철스님의 호통과 꾸짖음에야 누가 반기를 들랴만, 선방 스님들끼리 안거마다 일주일 용맹정진을 할 때 경책을 하다 보면 종종 언쟁이 벌어지기도 한다. 경책을 하는 사람은 분명히 졸고 있는 스님 앞에 가서 "경책하겠다"고 통지를 하는데, 졸던 스님은 잠이 깨 "절대 졸지 않았다"고 불복하는 경우가 문제다. "졸았으니 맞아라" "졸지 않았으니 안 맞는다"는 시비가 한바탕 소동으로 확산되기도 한다. 이런 문제를 해결하기 위해 성철스님이 꾀를 냈다.

"경책하는 스님이 돌다가 조는 사람이 있거든 손수건을 장군죽비에 걸어 그 스님 어깨나 무릎 위에 먼저 놓는다. 그러고서 조는 스님을 깨워 그 손수건 놓인 것을 먼저 확인시키고 경책해라."

첫 한글 법어 탄생

　　　　　　1981년 성철스님이 종정이 되고 첫 부처님 오신 날을 맞았다. 총무원에서 종정스님께서 부처님 오신 날을 맞아 법어를 내려주셔야 한다고 전화가 와 보고하자, 큰스님이 "종정이 되어도 가만있으면 된다 하더니 그런 할 일이 있나 보네!" 하셨다.

"그런 법어도 해야 되는가? 해야 된다카마 한번 써보지."

다음날 아침 큰스님이 불러서 달려갔다.

"이게 4월 초파일 법어다."

내미는 종이 한 장을 보니 한문투성이다. 보통 큰법당에서 스님들을 상대로 하는 한문체 법어의 난해한 글이다. 그렇지만 전 국민에게 들려줄 조계종 종정 스님의 초파일 법어로는 부적당하다는 생각이 들었다. 성철스님의 앞의 긍정적 반응에 힘입어 큰맘 먹고 박살이 나든지 어떻든지 한 말씀 드려야겠다고 작심했다.

"큰스님, 이제 스님께서는 옛날처럼 산중의 스님이 아니십니더. 해인사 방장이 아닌 조계종 종정 큰스님으로서 불자들만이 아니라 모든 국민들에게 부처님을 대신해서 한 말씀 하시는 것입니더. 이제 전 국민들 앞에 나서시는 공인이 되셨으니 한문투로는 안 됩니더. 누가 알아 듣겠십니까? 쉬운 한글로 법어를 내려주셔야 합니더."

벼락이라도 치실까 걱정을 하며 머리를 조아리고 있는데 성철스님이 한참 말씀이 없다. 쏘아보는 화등잔 같은 눈길이 따갑다 싶은 순간 승낙이 떨어졌다.

"그래? 그라만 내가 다시 한 번 써보지."

처음 나는 내 귀를 의심했다. 그러나 정말 다행이다 싶었다. 다시 방으로 들어가시고 다음 날 아침 큰스님이 또 부르셨다.

"이만하면 됐나? 니가 한번 봐라."

처음과는 비교할 수 없지만 그래도 반은 한글, 반은 한문투다. 내친김에 다시 간청을 올리지 않을 수 없었다.

"처음보다 훨씬 이해하기 쉽지만, 말 자체를 한문을 빼고 한글체로 완전히 바꾸어주십시오."

"그놈 참 사람 힘들게 하네. 이놈아, 이렇게까지 고쳐 쓰는데도 얼마나 힘들었는지 아나, 이놈아! 평생 써 온 한문체를 버리고 한글체로 바꾸려니 뭐가 영 허전하다 말이다 이놈아! 다시 생각해 보자."

고개를 끄덕이며 방으로 돌아가셨다. 그렇게 해서 다음 날 아침 세 번째로 받아든 법어가 다음과 같다.

"모든 생명을 부처님과 같이 존경합시다. 만법의 참모습은 둥근 햇빛보다 더 밝고 푸른 허공보다 더 깨끗하여 항상 때 묻지 않습니다. 악하다 천하다 함은 겉보기뿐, 그 참모습은 거룩한 부처님과 추호도 다름이 없어서 일체가 장엄하며 일체가 숭고합니다."

종정 예하가 내린 최초의 한글 법어다. 이어 해마다 새해에 내놓는 신년법어도 당연히 한글로 바뀌었다. 이듬해인 1982년 부처님 오신 날 법어는 '자기를 바로 봅시다'이다.

"자기를 바로 봅시다. 자기는 원래 구원되어 있습니다. 자기가 본래 부처입니다. 자기는 항상 행복과 영광에 넘쳐 있습니다.

자기를 바로 봅시다. 자기는 시간과 공간을 초월하여 영원하고 무한합니다.

자기를 바로 봅시다. 모든 진리는 자기 속에 구비되어 있습니다.

자기를 바로 봅시다. 자기는 영원하므로 종말이 없습니다.

……

자기를 바로 봅시다. 부처님은 이 세상을 구원하러 오신 것이 아니요, 이 세상이 본래 구원되어 있음을 가르쳐주려고 오셨습니다."

그런데 이 글을 보고 "큰스님께서 한글로 글을 쓰실 턱이 없으니 누가 딴 사람이 대필한 것이다."라는 말들이 많았다. 그래서 지난 3월 창건된 겁외사에 전시실을 마련하고 거기에 성철스님이 직접 한글로 쓴 '자기를 바로 봅시다'의 육필 원고를 전시해두었다.

한글 법어에 대한 재가불자와 일반인의 반응은 정말 뜨거웠다. 일차적인 의미를 우선 이해할 수 있어서 친근한 탓이다. 특히 '자기를 바로 봅시다'라는 법어는 뜻 있는 많은 분들에게 종교를 떠나서 깊은 생각을 하게 했던 것 같다.

그 한 예가 작가 최인호 씨다. 가톨릭 신자인 최인호 씨는 당시 월간 〈샘터〉에 연재하던 글에서 이 법문을 인용했다. 그는 특히 "부처님은 이 세상을 구원하러 오신 것이 아니요, 이 세상이 본래 구원되어 있음을 가르쳐 주려고 오셨습니다."라는 끝 구절에 감명을 받았다고 썼다.

"불자들만이 아니라 모든 국민들에게 조계종을 대표하는 공인이 되셔서 부처님을 대신하여 한 말씀 하시는 것입니다. 쉬운 한글체로 법어를 하셔야 합니다." 하고 간언을 드렸는데 그동안 그렇게 "곰 새끼"라고 나무라기만 하시던 상좌의 고언을 받아들여 주시고 2~3일 추고 끝에 한글법어를 내려주신 그 공덕을 잊을 수가 없다. 그 또한 성철스님의 시대의 변화에 대한 가볍고 무거움에 순발력 있게 대처하시는 모습은 존경스러운 것이다. 그러므로 지금도 감사하고 감사한 마음이다.

큰스님의 한글체 종정법어는 오늘에도 그 빛을 발하고 있다. 2014년 8월에 『성철이야기』라는 제목으로 큰스님 법어들로 CD 2장의 찬불가를 출간하였다. 또 2015년 12월에는 파라미타청소년연합회와 백련불교문화재단 주최로 종정법어 중 16개를 가사로 자유롭게 선택하여 '성철스님 래퍼

되다'라는 제목으로 청소년 랩음악경연대회를 성황리에 마쳤다.

   2016년 초파일 전 쯤에는 대상을 탄 사람을 필두로 8명의 시상자들의 노래가 CD로 담겨 나올 예정으로 있다.

시주는 남 모르게

　　　　　성철스님은 수행하지 않고 신도들 길 안내하는 스님을 싫어했듯이, 시주하고 그걸 자랑하는 신도 또한 싫어했다. 스님은 특히 절 입구에 서 있는 석등이나 기둥에 시주자 이름을 버젓이 적어놓는 것을 영 마뜩찮게 생각했다.

　문제는 그런 성철스님의 뜻이 확고한 만큼 시주를 받아야 하는 주지와 소임자들의 처지는 더 곤란해질 수밖에 없다는 것이다. 막상 시주를 하는 사람들은 자신의 선행이 어떤 형태로든 남길 바란다.

　이런 소임자들의 불만이 아무리 크다고 해도 성철스님은 들은 체도 하지 않았다. 그리고 수시로 다음과 같은 일화를 들려주며 '시주의 익명성'을 강조했다.

"6·25전쟁 직후 마산 근방 성주사라는 절에서 서너 달 살았거든. 처음 가보니 법당 위에 큰 간판이 붙었는데 '법당 중창시주 윤○○'라고 굉장히 크게 씌어 있는 거라. 그래서 내가 누구냐고 물어보니까 마산에서 한약방 하는 사람이라데. 그 사람 신심이 깊어 법당을 모두 중수했다는 거라."

그것을 그냥 지나칠 성철스님이 아니다. 성철스님은 그 사람이 언제 오느냐고 물었다. 이미 성철스님의 이름이 불자들 사이에선 상당히 알려진 상황이라 "스님께서 오신 줄 알면 내일이라도 곧 올 겁니다."라고 했다. 과연 그 이튿날 윤씨가 성철스님에게 인사하러 왔다.

"소문을 들으니 처사의 신심이 퍽 깊다고 다 칭찬하던데, 나도 처음 오자마자 법당 위를 보니 그걸 증명하는 표가 얹혀 있어서 대단한 줄 알았제."하고 성철스님이 인사처럼 말했다.

처음에는 칭찬인 줄 알고 윤씨가 웃음으로 감사를 표했다. 하지만 곧바로 성철스님의 따가운 지적이 이어졌다.

"그런데 간판 붙이는 위치가 잘못된 것 같데이. 간판이라 카먼 남들 마이 보라고 만드는 건데, 이 산중에 붙여두어야 몇 사람이나 보겠노? 그라이 저거 떼서 마산역 광장에 갖다 세워야 안 되겠나? 내일이라도 당장 옮겨보자고."

그제야 말뜻을 알아듣고 윤 씨가 스님 앞에 엎드렸다.

"아이구, 스님. 부끄럽습니다."

성철스님의 꾸중은 쉽게 끝나지 않는다.

"처사가 참으로 신심에서 돈 낸 거요? 간판 얻을라고 돈 낸 거제!"

"잘못했습니다. 제가 몰라서 그랬습니다."

"몰라서 그랬다고? 몰라서 그런 거야 뭐 허물이랄 수 있나. 이왕 잘못된 거 우짜면 좋겠노?"

직접 시정하라는 지시다. 윤 씨는 서둘러 자기 손으로 그 간판을 떼어내 부수어 부엌 아궁이에 넣어버렸다고 한다.

이런 얘기를 들은 신도들이 어찌 성철스님 앞에서 시주의 공을 내세울 수 있겠는가? 성철스님은 그런 호통을 치면서도 한편으로는 시주자들의 진심 어린 보시를 이끌어내기도 했다.

성철스님이 성전암에 머물 당시 얘기다. 큰절인 파계사 대웅전에 비가 줄줄 샜다. 이를 수리하는 불사佛事를 해야 하는데 마땅한 시주자가 없었다. 파계사에 신세를 지고 성전암에 사시면서 그런 사정을 듣게 된 성철스님이 나섰다. 잘 아는 신도에게 "절대 겉으로 나서지 말고, 심부름은 동업(천제스님)이가 할 테니 그리 알고 파계사 대웅전 중수불사를 맡아주시오."라고 당부했다.

그 시주자는 성철스님의 당부대로 전혀 나서지 않은 가운데 대웅전 중수에 필요한 돈을 지원했고, 마침내 대웅전이 새 모습으로 단장을 끝냈다. 사실 시주 당사자는 성철스님의 당부대로 전혀 나서지는 않았지만, 자신의 노력 끝에 만들어진 결과가 궁금한 게 당연하다. 그래서 정식 낙성식이 열리기 전 파계사 대웅전을 찾아 부처님께 백팔배를 올렸다. 그때 문이 벌컥 열리며 호통 소리가 났다.

"어떤 보살인데 허락도 없이 법당에 들어와 멋대로 기도하느냐!"

그 보살은 "아이구 스님, 잘못했습니다." 하고는 도망치다시피 성전암으로 달려와 성철스님에게 그 얘기를 올렸다.

"큰스님, 제가 법당불사 시주자인 줄 알았더라면 그 스님이 얼마나 반갑게 맞이해주었겠습니까? 그런데 오늘 칭찬받고 오는 것보다 야단맞고 쫓겨 오니 훨씬 더 마음이 가뿐합니다."

"바로 성전으로 왔으면 됐지, 보살이 자랑하고 싶은 마음 때문에 큰법당에 들렀은께 야단맞았지. 하하하." 큰스님이 박장대소했다.

효도와 고향

　　　　　　출가한 후에도 가끔 집 생각이 나는 때가 있었다. 그럴 때면 성철스님은 어떻게 알았는지 시자들에게 가끔 이런 말씀을 했다.

"사람이 한번 결심해 출가했으면 앞만 봐야지 뒤돌아보면 못쓰는 기라. 그러니 출가한 후에 속가집에 들락날락하는 것은 절대로 안 되는 기라. 출가했으면 가족들 인연 끊고 살아야제!"

겁이 바짝 들어 있는 행자 시절이나 초년병 시절에는 집 생각을 전혀 할 수가 없었다.

대신 어머니가 백련암으로 찾아오시다 큰스님께 호되게 꾸지람을 들었다. "자식 출가했으믄 그것뿐이지 뭘 자꾸 찾아와!" 하는 호통소리에 다시는 백련암에 오시지도 못하고 저 밑 부락에 오셔서는 "나 왔다" 하고 겨우 전화만 할 뿐이었다. 그때는 할 수 없이 내려가 얼굴만 보고 올라왔다. 하지만 그런 일도 점점 줄어들었다.

불자, 불교 신도들은 스님들을 좋아하고 남의 자식이 스님 되는 것은 좋아하지만, 막상 자기 자식이 스님이 된다 하면 한 길이나 펄쩍 뛴다고 한다. "니가 와 스님될라 카노!" 하면서 세상이 끝난 줄로 생각하는 것이다.

가톨릭 같은 다른 종교에서는 아들 중에 누가 신부가 되겠다고 하면 "정말 하느님의 종이 된다"고 하여 온가족과 친척이 축복을 한다는데, 우리네 불교 집안은 그렇지는 않은 것 같다.

한번은 나의 아버지가 "중된 미운 자식이라 나는 보러 가기도 싫다. 그렇지만 아들인 지놈은 한 번이라도 왔다 가야지, 지 애비하고 무신 원수졌다고 한 번도 안 오나." 하고 섭섭해하신다는 얘기를 들었다. 또한 아버지가 "중이 매몰스럽기는 매몰스러운 기라……." 하면서 하도 서운허한다기에 어쩔 수 없이 성철스님 몰래 한 번 뵙고 온 적이 있다.

친구들도 별로 만나지 않고 살았지만, 누구는 아버지 환갑을 어디서 했다, 누구는 어머니 환갑을 어떻게 했네, 하는 소문들이 바람도 없이 들려올 때면 그래도 자식이라 부모님께 미안하고 죄송한 생각이야 어디 가겠는가?

그날도 성철스님 심부름으로 서울에서 책 출간 준비를 하느라 바쁜 나날을 보내고 있었다. 백련암에서 날 찾는 전화가 왔다기에 수화기를 드니 시자스님의 전갈이다. 그런데 스님께서 직접 통화하신다고 잠시 기다리라는 것이다. 내가 밖에 나와서 스님 심부름을 하고 있지만 스님이 직접 전화하신 것이 처음이라, 분명히 해인사 사중에 무슨 큰일이 생겼다고 생각했다. 마음이 조급해지는데 수화기 저쪽에서 성철스님 목소리가 들려왔다.

"원택이가? 너거 아배 죽었다 칸다. 백련암으로 바로 오지 말고 대구 가서 초상 치르고 오너라. 내가 직접 전화 안 하면 니가 안 갈 것 같으니께 내가 전화한 기라! 내 말 알겠제! 꼭 대구 가거라. 어잉."

그때가 1982년 12월 중순쯤이라고 기억하는데 큰스님의 전화를 받는 순간 불효했다는 생각에 무척 마음이 아팠다. 그 길로 바로 대구로 내려가 형님댁을 찾아갔는데, 형님은 외국에 계셔 집안이 썰렁했다. 갑작스레 당한 일이고 내 신분이 스님이다 보니 동창들에게 알리는 것도 쑥스러운 생각이 들어서 가족끼리만 장례를 치렀다. 정말 과장되게 표현하면 '거적에 둘둘 말아 장사 지낸다'는 말이 맞을 정도로 초라하게 장례를 치러 마음이 더욱 편치 않았다. 사십구일재는 백련암에서 했는데, 성철스님도 계시고 해 성의껏 해드렸다.

4년 뒤에는 그때까지도 날 찾아오시면 "니 언제 장가 갈라 카노!" 하시는 것이 원망이자 당부셨던 어머니마저 세상을 떠나셨다.

그때는 신도님들도 알고 오셔서 문상도 해주시고, 해인사 스님들과 주변 인사들도 문상을 해주셨다. 아버지 출상 때와는 비교도 되지 않았다. 그래도 나는 성철스님과 비교하면 호강하는 셈이었다. 스님은 어머님이 별세하셨을 때나 아버님이 별세하셨을 때나 고향집을 찾지 않고 대신 시자를 보내 문상만 했다. 또 평생 떠나온 고향 산청군 단성면 묵곡리를 끝끝내 한번도 찾지 않았다.

어느 날 스님에게 물었다.

"고향을 찾지 않으신 이유가 있습니꺼?"

성철스님의 대답은 간단했다.

"아따! 니 고향은 어지간히 대단한 모양이제! 이놈아, 중이 되어 떠났으면 머무는 곳이 고향이지 중한테 갈 고향이 따로 있어?"

"스님! 집에 불 들어갑니다. 어서 나오십시오."
"스님! 집에 불 들어갑니다. 어서 나오십시오."
"스님! 집에 불 들어갑니다. 어서 나오십시오."
목이 터져라 세 번을 외쳤다. 마지막으로 스님을 보내는 대중들의 외침이다. 참았던 눈물이 또 주르르 흘렀다. 불길은 하늘로 치솟고 운집한 수많은 대중은 누구랄 것도 없이 함께 참았던 울음을 터뜨렸다.

② 우리 시대의 부처, 열반에 들다

열반

가야산 단풍의 절정기는 지금까지는 10월 18~25일쯤이다. 그 시기가 지나면 붉고 노란 나뭇잎들은 나날이 낙엽으로 떨어져 뒹군다. 그런 뒤 나무는 앙상한 가지와 몸을, 본체를 드러내게 된다.

1993년 그해 가을도 그렇게 빨갛게 물들어가던 무렵 나의 스승 성철스님은 팔순을 넘긴 나이에도 불구하고 가야산 깊은 계곡 암자에서 비교적 건강하게 한 철을 보내고 계셨다. 나는 별다른 걱정 없이 스님 봉양을 시자侍者(노스님을 뒷바라지하는 젊은 스님)들에게 맡기고 해인사 본찰에서 총무국장 소임으로 바쁜 나날을 보내고 있었다.

나무들이 잎을 모두 떨구고 새벽 찬바람이 초겨울 한기

를 느끼게 하던 11월 3일, 그날도 나는 해인사 장경각(대장경을 보관하는 건물)에 있는 경판 중 몇 판을 '책의 해' 행사 준비를 위해 서울로 옮기는 작업을 하고 있었다.

그때 성철스님이 급히 찾으신다는 전갈이 왔다. 그전에 날마다 뵈올 때 "이제는 건강이 좀 좋아진 듯하니, 자주 찾아오지 말고 내가 부르면 오너라." 하고 말씀하셨다. 그런데 그 성품에 갑자기 찾으신다는 소리를 들으니 불길한 마음이 언뜻 스치고 지나갔다.

그래도 설마 하는 생각에 '시자들이 스님 마음을 편치 않게 했나 보다'라는 짐작을 하고 암자로 올라갔다. 문안을 올리고 고개를 들자 청천벽력 같은 말씀을 하셨다.

"내 인제 갈란다. 너거 너무 괴롭히는 거 같대."

가슴이 철렁했다. 예부터 선승禪僧들은 스스로 열반의 순간을 택한다고 한다. 스님의 말씀에 예전에 없던 결연함이 배어 있었다. 황망한 마음에 스님께 사정을 드렸다.

"시자들이 또 스님의 마음을 거슬렀나봅니다. 부디 고정하시고 노여움을 푸시지요."

그렇다고 마음을 돌이킬 스님이 아니다. 낮은 목소리는 단호했다.

"아이다! 인제는 갈 때가 다 됐다. 내가 너무 오래 있었다."

불과 사흘 전 상좌 원융스님이 큰스님을 찾아왔다 들려준 얘기가 생각났다. 스님이 잠든 것을 보고 원융스님이 "스님, 이러한 때 스님의 경계는 어떠하십니까?" 하고 물으니, 깊이 잠든 것 같던 스님이 벌떡 일어나 난데없이 뺨을 한 대 힘껏 치더라는 것이다. 그 말을 듣고 '오래오래 계시려나 보다' 하고 한숨을 돌렸었는데, 이런 날벼락 같은 말씀을 들으니 갑자기 맥이 탁 풀리는 느낌이었다. 다시 한 번 엎드렸다.

"불교를 위해서나 해인사를 위해서나 좀 더 같이 계셔야 되지 않겠습니까?"

부질없는 짓이었다. 스님의 목소리는 더 느리고 더 단호해졌다.

"아이다. 인제는 가야지. 내 할 일은 다 했다……."

큰스님은 말을 마치자 스르르 눈을 감았다. 팔십 평생 걸치고 다니던 육신을 벗기로 마음먹은 스님. 말릴 수도 돌이킬 수도 없는 순간을 기다리는 무기력함을 실감해보기는 난생처음이었다. 기나긴 침묵의 밤을 바스락거리는 낙엽 소리로 지샜다. 4일, 여명이 밝아올 즈음 스님이 입을 여셨다.

"내 좀 일어나게 해봐라."

듬직한 육신이 깃털처럼 가볍다. 일으켜 세워 내 가슴에 스님을 기대게 했다. 얼마나 시간이 흘렀을까. 창 밖에 빛이 환해질 무렵이었다.

"참선 잘하그래이!"

그러고는 아무 말이 없었다. 스르르 고개를 가누시면서 숨소리도 가늘어져갔다. 법랍 58세, 세수 82세. 갑자기 세상이 '큰 침묵' 속으로 빠져들었다.

스님은 떠나면서 다음과 같은 열반송을 남기셨다.

涅槃頌

生平欺誑男女群(생평기광남녀군)하니
彌天罪業過須彌(미천죄업과수미)라
活陷阿鼻恨萬端(활함아비한만단)인데
一輪吐紅掛碧山(일륜토홍괘벽산)이로다
일생 동안 남녀의 무리를 속여서
하늘 넘치는 죄업은 수미산을 지나친다.
산 채로 무간지옥에 떨어져서 그 한이 만 갈래나 되는데
둥근 한 수레바퀴 붉음을 내뿜으며 푸른 산에 걸렸도다.

연화대의 탄생

장좌불와長坐不臥(밤에도 눕지 않고 앉아서 수행하는 것)를 오래 한 탓인가. 성철스님은 편안히 누워 입적하지 않고 앉아서 숨을 거두는 좌탈坐脫을 택했다. 하지만 보통 사람들이 누워 있는 것보다 훨씬 더 편안해 보였다.

아침 7시, 마주 댄 어깨 사이로 조금씩 온기가 사라지는 느낌에 비로소 큰스님을 자리에 눕혔다. 밤새 마음으로 준비한 열반인지라 가슴속에 솟구치는 감정의 응어리를 참고 참았다.

선사들이 죽음을 맞이하는 방식은 여러 가지지만 남은 문도(제자)들이 그 주검을 거두는 과정은 한 가지다. 절집에선 '다비茶毘'라는 이름으로 화장을 한다. 다비란 말 자체가 태운다는 뜻의 범어를 소리를 따라 옮긴 말이다. 윤회를 믿기에 죽음이란 단지 육신이라는 옷을 바꿔 입는 데 불과하다. 또 육신은 그렇게 공空한 것이기에 깨끗이 태워 없애는 게 맞다는 교리다.

개인적으로 다비장에 처음 가본 것은 출가한 지 몇 년 되지 않아서였다. 거기서 입적한 스님의 다비하는 모습을 보게 되었다. 솔직히 '절집에서는 아직도 이렇게 원시적으로 화장하나?' 하는 것이 처음 받은 인상이었다. 당시의 연화대蓮花臺는 평상의 반 정도 되는 넓이로, 엉성하게 짜놓은 쇠틀 위에 관을 얹고, 쇠틀 밑에 숯과 장작을 채우고 밖에는 2m 길이의 참나무를 세워서 만든 형태였다. 쌓아놓은 나무가 흩어지지 않도록 철사 줄로 여러 군데 동여매기도 했다. 이렇게 만드는 데 걸리는 시간은 1시간 30분 정도. 법구法柩가 도착해 위에 놓이면 장작을 쌓고 석유를 부어 불을 붙이면 화장이 시작된다.

그런 모습이 나에게는 충격적이었고 너무나 원시적으로 보였다. 그러나 절 집안의 연륜이 쌓여 이런 모습을 자주 보게 되면서 나중에는 익숙해져 그것도 당연한 것처럼 여겨졌다.

어느 산중의 큰스님이 돌아가시면 나는 종정 큰스님이

신 스님을 대신해 조문 사절로 가는 경우가 많았다. 정확히 언제였는지는 모르겠지만 초겨울이었던 것으로 기억된다. 날씨가 좀 쌀쌀했다. 어떤 큰스님의 다비식에 참석했는데, 꽃상여로 꾸민 스님의 법구가 다비장까지는 잘 모셔졌다. 다비장에 이르자 꽃상여를 벗겨내고 큰스님의 법구를 침대 모양의 돌 위에 올리고는 주변에 장작을 쌓았다. 다비 방식은 산중마다 전통이 약간씩 달랐는데, 그 사찰에서는 해인사와는 달리 긴 나무를 쓰지 않고 짤막한 장작을 사용했다. 나무가 짧은 만큼 쌓기가 쉽지 않아 보였다. 게다가 날씨까지 쌀쌀해 음지에서 기다리는 사람들은 발을 동동 구르며 추위에 떨면서 다비가 늦어짐을 탓하였다. 일하는 사람들의 마음도 급해지기 시작했다.

그러더니 나중에는 일하는 사람들이 큰스님 법구 위에 올라가 나무를 발로 밟아 쌓기 시작했는데, 그 모습이 영 좋아 보이지 않았다. 게다가 그렇게 오랜 시간 힘들게 나무를 쌓아 연화대를 마련해 불을 붙이니 다비에 동참한 대중들은 이미 추위에 지쳐 있었다. 다비장의 그런 모습을 보면서 나도 모르게 고민하기 시작했다.

'우리 스님이 가시면 다비장을 어떻게 마련하는 것이 좋을까?'

다비식의 거화 장면

큰스님들 다비식이 있을 때마다 개인적으로 눈여겨본 것은 다비 방식이었다. 그때마다 뇌리에서 떠나지 않은 것은 '어떻게 하면 법구에 결례를 끼치지 않고 대중들도 기다리지 않게 하면서 큰스님의 마지막 가는 길을 좀 더 여법如法(부처님의 가르침과 같다)하게 할 수 있을까?' 하는 것이었다. 그러던 나에게 새로운 힌트를 제공한 다비식이 있었다. 영암 큰스님의 다비식이었다.

노년에 봉은사에 머무시던 영암 큰스님(1907~1987)이 1987년 6월 3일 입적하자 봉선사 다비장에서 다비식이 거행될 예정이었다. 조문을 하고 주위를 둘러보니 다비 준비로 한창 분주했다. 같이 조문 갔던 자운 큰스님의 손상좌인 종성스님에게 말했다.

"스님, 영암 큰스님 다비 준비가 굉장합니다. 내일이 출상일이라 하니 봉선사 다비장에 먼저 가봅시다. 거기에 가면 뭔가 배울 것이 있을 것 같습니다."

그러자 종성스님도 그렇게 하자고 했다.

봉선사 다비장에 같이 들렀더니 여러 다비장에서 느꼈던 모든 문제점을 말끔히 해결한 다비 방식이 기다리고 있었다. 봉선사는 예로부터 나무가 아닌 짚으로 다비하는 곳으로 유명한데, 다비장에 가보니 화장장의 화구처럼 법구가 들어갈 만큼의 거푸집의 헛집을 지어놓고 그 주위에 '새끼 두 타래에 숯 한 포' 하는 식으로 숯과 새끼를 차곡차곡 쌓아놓아 언제든지 불을 붙일 수 있게 해두었다.

법구가 도착하면 동참 대중들은 기다리지 않아도 되고 큰스님 법구를 발로 밟는 일도 생기지 않는 묘책이다 싶었다. 그리고 각목으로 다비장 위에 5층탑 모양을 만들어 남방 가사 색깔인 오렌지색 천으로 둘러쳐놓으니 정말 화려하고 장엄해 보였다. 나는 기뻐하며 종성스님에게 말했다.

"여기 오길 참 잘했습니다. 다비장 문제는 다 해결되었습니다."

그러자 종성스님도 "참말 그렇다."며 동의해주었다.

봉선사 다비장에서 개인적으로 많은 것을 배웠고 거기서 배운 것이 나중에 장엄한 해인사 연화대 탄생의 밑거름이 되었다.

그 후 몇 년이 지난 1992년 2월 7일(음, 1월 4일), 자운 큰스님이 열반에 드셨다. 당시는 마침 나와 종성스님이 해인사 소임을 보고 있던 때였다. 있는 정성을 다해 다비식을 준비하고 큰스님의 장례 기간을 7일장으로 결정했다.

추운 겨울이라 준비가 쉽지 않았다. 거푸집을 만들고 그 위에 화장목(화장할 때 사용하는 나무)을 쌓아 미리 다비대를 만

조계종 종정으로 추대되신 후 찍은 사진

들었다. 많은 사람들이 모인 앞에서 허연 관을 쇠틀 위에 올리고 두 시간 가까이 나무를 쌓아 올리는 시간을 없앤 것이다. 여러 사람 앞에서 석유 기름을 붓는 일 역시 상상하기 싫은 일이었다.

종성스님은 봉선사 영암 큰스님 다비대처럼 5층탑을 만들지 않고 다비대 위에 나무를 쌓고 짚으로 둘러싼 뒤 그 위에 광목을 덮었다. 다비대를 석종형의 부도탑 형식으로 만든 것이다. 그 위에 연잎을 붙였다. 그것이 아마 우리나라 근현대 불교사에서 최초의 연꽃 모양 다비대, 즉 연화대였을 것이다. 그렇게 장엄하게 잘해놓으니 연화대 주위가 환해지는 느낌이었다. 주변의 산만함이나 혼란함도 찾아보기 힘들었다. 그야말로 큰스님이 여법하게 이생을 떠나시는 장엄한 축제를 준비하는 기분이었다.

당시는 몹시 추운 겨울이었다. 그래서 연화대 탄생을 모르는 참가 대중들은 단단한 옷차림으로 운구 행렬을 따라 나서기 시작했다. 다비장에 도착한 대중들은 지금까지와는 다른 연화대를 보고 몹시 신기해하고 놀라는 모습이 역력하였다.

한겨울 큰 연꽃 속에 스님의 법구를 모시고 연화대에 불을 댕기자 문상 온 사부대중들은 "장엄하다" "여법하다"를 연발하며 감탄을 금치 못하며 다비과정이 장엄하고 엄숙함을 기뻐하였다.

물론 일부에서는 화려하다는 지적도 없지 않았다. 그래서 다비식은 잘해도 욕먹고, 못해도 욕먹는 일이라고 한다. 스님들이 다비식을 초라하게 하면 그 문도들한테 평생 한 맺힌 원망을 듣기 때문에, 차라리 화려하다고 욕먹는 게 낫다며 나를 위로했다.

그런데 정작 성철스님이 돌아가시자 마음이 흔들렸다. 가르침에 따라 다비식을 간소하게 해야겠다는 생각이 앞섰지만, 전국에서 모인 비구·비구니 대중스님들의 마음은 그런 것이 아니었다. 우리가 할 수 있는 정성은 다하고 싶어 하였다.

빈소도 채 만들기 전부터 문상객들이 몰려들었다. 처음엔 근처에 와 있던 등산객들이 문상하겠다며 모여들었고, 시간이 지나면서 인근 지역 불자들이 밀려들기 시작했다. 추모 인파가 몰려들면서 '문상객이 적어 스님의 법력이나 덕에 흠이 될 일은 없을 것'이라는 점에서 한편으로는 안심이 됐지만 다른 한편으로는 세간의 지나친 관심이 부담스럽기 시작했다.

세속의 가장 큰 관심사는 뭐니 뭐니 해도 사리舍利였다. 한 시대의 선풍을 주도했던 큰스님인 만큼 사리가 나오긴 나올 텐데, "과연 몇 과顆나 나올까" 하는 것이 세인의 관심사가 아닐 수 없었다.

사리란 원래 화장을 하고 나서 남는 유골을 말한다. 인도에선 부처님 이전 시대부터 덕이 높은 사람의 유골을 나눠 갖는 풍습이 있었다고 한다. 그 덕을 추모하는 뜻일 것이다. 불교에선 사리가 단순한 뼛조각이 아닌 구슬처럼 응결되어 부서지지 않으니 사부대중들에게는 법력의 상징처럼 여겨진다.

그러나 성철스님은 생전에 "사리가 뭐가 중요하노?" 하시며 주변에서 사리를 지나치게 신비화하는 풍토를 꾸짖으셨다.

"사리가 수행이 깊은 스님한테서 나오기는 한다만, 사리만 나오면 뭐하노. 살아서 얼매나 부처님 가르침에 맞게 수행하며 살았는가가 중요하지, 그 스님의 사리가 중요한 거는 아이다."

홍제암 자운 큰스님이 입적하셨을 때 얘기로, 자운스님은 성철스님보다 20개월 앞선 1992년 2월 7일에 열반하셨다.

당시 해인사 총무국장이었던 나는 자운 큰스님의 20여 과의 사리를 모시고 여는 '사리 친견법회'를 주관하고 있었다. 그런데 부산에서 연락이 왔다. 스님이 사리를 보고 싶어 하신다는 거였다. 나는 어느 날 법회가 끝나자마자 사리를 모시고 부산으로 달려갔다.

사리를 싼 보자기를 풀어 스님께 보여드렸다. 한참을 보시더니 한마디 하셨다.

"이 사리가 자운스님이가?"

광복 직후인 1947년 경북 문경시 봉암사에서 '부처님의 가르침대로만 살아보자'라는 결심으로 함께 수행에 들어간 이래 반평생을 같이해온 도반. 쓸쓸한 듯, 서운한 듯, 그렇게 한참을 바라보고만 계셨다.

"사리가 이리 마이 나왔으니……, 얼매나 좋은 일이고!"

그러고는 깊은 침묵에 잠기셨다.

사리가 중요한 것이 아니라 부처님의 가르침에 따라 사는 것이 중요하다고 가르치던 큰스님이지만, 수행과 법력의 결과로 얻어진 도반의 사리에 대해서는 '좋은 일'이라고 말씀하셨다. 사리에 집착할 필요는 없지만 한평생 정진한 결과로 남겨진 사리가 분명 의미 없는 것은 아닐 것이다.

길고도 짧고
짧고도 긴 영결식

성철스님은 1981년 1월 조계종의 최고 지도자인 종정에 추대되고서도 산문 밖 출입을 전혀 하지 않으셨다. "종정이 되셨으면 서울에도 나오고 여러 법회에도 참여해 법을 베푸는 것이 도리인데, 예전과 다름없이 산중에만 계시기를 고집하니 너무하시다."라는 불단이 특히 서울·경기 지역의 신도님들에게서 많았지만 성철스님은 누가 뭐래도 한마디로 일축했다.

"종정이라카는 고깔모자를 덮어 썼다마는, 내 사는 거하고는 아무 관계 없데이!"

그래서 다른 스님의 입적 소식을 들으면 내가 종정의 조문 사절로 다니곤 했다. 스님이 써주신 조사弔辭를 해당 본

사나 사찰에 올리고, 종정스님께서 오지 못한 데 대한 사과를 드리는 것이 나의 주된 임무였다. 그러다 다비식에 참석하게 되면 낯익은 어른 스님들로부터 "큰스님을 모시고 있으니 나중에 실수 없도록 상중 일들을 잘 봐두어라."라는 당부의 말을 꼭 들어야 했다.

나름대로 준비를 한다고 했는데, 막상 일을 당하고 보니 어디서부터 무얼 어찌해야 좋을지 막막했다. 다행히 해인사 스님들은 종정을 지낸 고암 큰스님, 총무원장을 지낸 자운 큰스님의 다비를 치른 경험이 있었다. 스님들은 문상객 맞이와 영결식, 다비식 준비를 차근차근 진행해나갔다. 장례는 7일장으로 정했다. 서울로 〈선림고경총서〉와 〈성철스님 법어집〉을 출간해준 불지사 김형균 사장에게 전화를 하였다.

"지금 해인사에서 무엇을 하는 것이 가장 필요하겠습니까?"

"기자들이 와서 기사를 정리해 송고할 수 있도록 팩스기를 여러 대 준비하고 언론 브리핑 장소도 마련해야 합니다."

나는 "기자들이…?" 긴가민가하면서 준비를 하였다.

워낙 세간에 얼굴을 안 보인 종정스님이라서 마지막 가

시는 길을 보고 싶어 하는 문상객이 그렇게 많았던 것 같다. 그중에서도 의외의 손님은 기자들이었다. 종합 일간지나 방송사 기자들이 이 산골짜기까지 오리라고는 생각지도 않았는데 오후부터 기자들이 몰려들고 다음날 조간에 추모기사들이 신문의 온 지면을 덮기 시작했다.

절집에서 다비관련 정례브리핑이 생긴 것도 아마 전무후무할 것이다. 아침 브리핑 시간의 첫 질문은 늘 "오늘 어떤 저명인사가 문상 온다고 했습니까?"였다. 하지만 미리 알리고 오는 사람이 드물어 번번이 대답이 궁할 수밖에 없었다. 그러나 무엇보다도 언론 대책을 귀띔해준 불지사 김형균 사장님의 조언이 고마웠다.

한편 청화당에서는 송월스님을 비롯해 붓글씨 잘 쓰는 여러 스님이 '만장輓章' 글을 열심히 썼다. 주로 경전 구절이나 선사 어록이었다. 청하는 글이 따로 있으면 부탁대로 써주기도 하고, 만장마다 청한 사람의 이름을 적어주기도 했다.

전국에서 비구, 비구니들이 찾아와 지극히 애도하고, 가신 스님을 위해 정성을 다하고 싶다는 간절한 마음을 전해왔다. 스님들 사이에서는 "큰스님 깨달음의 경지에서야 모든 것이 필요 없지만, 산중대중의 허허로운 마음을 달랠 길이 없으니 대중의 정성을 모아 금강경을 독송하자."라는 뜻이 모아졌고, 오후 7시부터 많은 스님들이 빈소인 궁현당에 모여 금강경을 독송했다. 조문 온 신도들까지 한마음으로 참여하여 상좌들에게 또 다른 자긍심을 심어주었다.

마침내 출상 당일의 날이 밝았다. 아침이 되자 부슬부슬 비가 내리기 시작했다. 궂은 날씨에도 불구하고 스님의 마지막 길을 애도하는 신도들이 새벽부터 밀려들기 시작했다. 전날 저녁 산중회의에서 점심 도시락을 1만 개 정도만 준비하면 될 것이라고 추정하여 카스텔라와 음료 등을 1만 명분만 준비했는데 아침 해가 밝기도 전에 수만 명을 넘는 인파가 산사를 가득 메웠다.

11월 10일 오전 11시, 해인사 구광루 앞마당에서 영결식이 시작됐다. 다섯 번 치는 범종의 메아리가 어찌나 길게 가슴을 저미는지, 솟아오르는 슬픔을 견딜 수가 없었다. 눈물로 얼룩진 안경 너머로 오열하는 스님들의 모습이 어른거렸다. 김종필 민자당 대표, 이기택 민주당 대표, 이민섭 문화체육부장관, 박관용 대통령비서실장, 권익현 정각회 회장, 박찬종 신정당 대표 등 당시 정계 거물들이 참석한 사실은 뒤늦게서야 알았다.

'길고도 짧고, 짧고도 긴' 영결식은 두 시간 만에 끝났다. 큰스님이 58년간 지켜온 산문을 떠날 시간이었다.

대머리정까지의 길을 가득 메운 만장과 추모 대중

다비식

　　　　　1993년 11월 10일, 40년간 누더기만 입었던 성철스님이 노란 국화꽃으로 뒤덮인 법구차에 모셔졌다. 신도들이 지어 온 장삼을 물리칠 때마다 "나는 좋은 옷 입을 자격 없데이."라고 하던 스님이 이날만은 세상에서 가장 화사한 국화옷을 입으셨다.

　아침부터 내리던 빗발이 가늘어지더니 뜸해졌다. 다비장은 적당한 거리에 있었다. 절에서 3km 정도 떨어진 산중, 예전부터 다비식이 치러지던 빈터다. 인로왕번引路王幡(운구 행렬을 이끄는 깃발)을 따라 큰스님의 명정이 앞서고 2,000여 개가 넘는 만장이 뒤따랐다.

　이어 향로, 영정, 위패가 나서고, 그 뒤를 법구를 모신 영

구차와 문도 스님 이하 스님들과 신도들이 대오를 지어 따랐다. 절을 내려오는데 운집한 신도들이 하나같이 오열했고, 3km의 산길을 가득 메우고도 남아 나뭇등걸 위에까지 애도 인파로 가득했다. 사람이 어찌나 많은지 장례 행렬이 길을 헤쳐 나가야 했다. 미리부터 기존 다비장 터 주변의 잡목을 정리해 넓혀놓았는데도 발 디딜 틈이 없었다. 주변 언덕, 나무 사이사이까지 사람들로 가득해 말 그대로 사람의 산이고 사람의 바다였다. 다비장 한가운데 연화대는 거대한 연꽃 봉우리로 장엄했다. 비구니 스님들이 열과 성을 다해 연꽃 모양의 종잇조각으로 디자인 해 연화대를 장식해놓았다. 법구를 연화대의 거푸집에 모셔 놓고, 성철 스님의 상좌 중 맏이인 천제스님과 내가 마지막으로 장작을 집어 거푸집 입구를 막았다.

'이제는 정말로 마지막이구나!'

순간 미혹한 생각이 들면서 주체할 수 없는 눈물이 절로 뺨을 타고 흐르기 시작했다. 염불이 끝나고 증단의 대표 스님들과 문도 스님들이 솜방망이에 불을 붙였다. 이어 "거화擧火"라는 구령에 맞춰 일제히 연화대에 솜방망이를 길게 들고 불을 지폈다. 다비를 지켜보던 스님들이 거의 동시에 외쳤다.

"스님! 집에 불 들어갑니다. 어서 나오십시오."

"스님! 집에 불 들어갑니다. 어서 나오십시오."

"스님! 집에 불 들어갑니다. 어서 나오십시오."

목이 터져라 세 번을 외쳤다. 마지막으로 스님을 보내는 대중들의 외침이다. 참았던 눈물이 또 주르르 흘렀다. 불길은 하늘로 치솟고 운집한 수많은 대중은 누구랄 것도 없이 함께 참았던 울음을 터뜨렸다.

그렇게 한참을 울먹이면서 불길을 바라보다가 문득 '이렇게 많은 사람들이 아무 탈 없이 돌아가야 할 텐데…'라는 걱정이 들었다. 거화가 시작되기 전부터 이슬비가 내리니 다비장 바깥 사정이 걱정되었다.

주변을 살피는 길에 경찰 관계자를 만났더니 일대가 온통 난리라 한다. 해인사 경내와 다비장, 그 사이 3km의 산길을 메운 인파만 10만여 명. 대구에서 해인사로 들어오는 88고속도로 고령 인터체인지에서부터 해인사 인터체인지까지 버스들이 꽉 들어차서 옴짝달싹 못한다고 했다.

해인사I.C에서 버스를 버리고 걸어오는 인파까지 합하면 모두 30여 만이나 되는 인파가 다비장을 향해 몰려들고 있다고 한다. 성철스님은 평생을 산승은 산에 머물러야 한다며 세상에 한 발짝도 나가지 않으셨는데, 그 스님이 마지막

이슬비 오는 날씨에도 활활 타오르는 연화대

가시는 길에 이렇게 해인사 창건 이래 최대의 인파가 몰리다니……. 정말 알 수 없는 일이었다.

다시 다비장으로 돌아오니 수천 명이나 되는 신도가 여전히 다비장을 가득 메우고 있었다. 그냥 있는 것이 아니라 불길에 휩싸여 화광삼매火光三昧에 드신 스님의 법구를 향해 열심히 염불하고 있었다. 거화하고 다비식 법요를 마치면 문도들만 남고 나머지는 다들 흩어지는 것이 일반적인 다비식 모습이다. 그런데 이렇게 많은 신도들이 다비장을 떠나지 않고 기도하는 모습은 정말 뜻밖이었다.

다비장에서 타오르는 불길을 바라보니 만감이 교차했다. '스님의 육성은 아직도 귀에 쟁쟁한데, 이제 얼마 후면 스님도 한 줌의 재로 돌아가시는구나'라고 생각하니 한동안 잊었던 눈물이 또다시 밀려왔다. "살아 계시는 동안 왜 좀 더 잘 모시지 못했을까……." 하는 회한이 가랑비를 맞으며 뼛속까지 스며들었다.

돈오돈수 頓悟頓修

"야, 이 곰 새끼야."

"밥 도둑놈, 밥값 내놔라."

성철스님은 화가 나면 벼락같은 목소리로 '새끼'니 '놈'이니 하는 말을 예사로 했다. 물론 모두가 수행이 부족한 스님들을 일깨우는 사자후다. 그렇지만 출가 후 20년간 스님을 모신 상좌 생활은 하루도 마음 편할 날이 없었다.

가르침에 어긋난 일이나 마음에 차지 않는 일이 있으면, 어제 온 행자行者나 20년 된 스님이나 체면을 가리지 않고 질책하셨다. 스님 앞에서는 어느 누구도 예우를 기대할 수 없었다. 질책은 있어도 칭찬해주는 법은 없었다. 야단맞지 않으면 그것이 잘한 일이라 생각하며 살아야 했다. 스님은

〈성철스님 법어집〉 및 〈선림고경총서〉 완간기념 국제불교 학술대회가 해인사에서 열렸다.(1993. 10. 7.~9.)

그렇게 우리에게 바늘 세울 틈도 주지 않았다.

　나는 스님이 입적하시기 직전, 20년 만에 처음이자 마지막으로 칭찬을 받았다. 1993년 9월 21일, 성철스님의 사상을 총정리 하는 〈성철스님 법어집〉(11권)과 〈선림고경총서〉(37권) 출판 작업이 10년 만에 마무리돼 서울의 출판문화회관에서 출판 기념법회를 열었다.

　이어 10월 8~9일 이틀간 해인사에서 '선종사禪宗史에 있어서 돈오돈수 사상의 위상과 의미'를 주제로 국제학술대회도 무사히 마쳤다.

　돈오돈수頓悟頓修란 참선을 통한 깨달음을 강조하는 성철스님의 가르침을 말한다. 평생 나서기를 꺼리셨던 스님이 강연을 하겠다고 결심했을 정도로 애정을 둔 행사였다. 그러나 건강이 워낙 좋지 않아 스님은 결국은 참석하지 못하셨다. 행사를 마치고 스님께 그간의 사정을 보고했다. 난생 처음 들어본 칭찬은 간단했다.

　"수고 많았데이."

　이 한마디에 나는 스님의 열반을 예감이나 하는 것처럼 온몸이 경직됨을 느꼈다. 매정한 호랑이 스님이 칭찬을 다 하시다니…….

　그로부터 한 달이 안 되어 그렇게 무서운 스님이 떠났다.

스님을 떠나보낸 심경은 은산철벽銀山鐵壁을 마주한 느낌이었다. '성철스님 문하에서 깨달음을 얻으려고 출가했는데, 미처 깨달음을 얻기도 전에 스님이 떠나시고 말았다'고 생각하며 나 자신을 되돌아 보니 빙산덩어리 같은 아쉬움이 가슴에 가득 찼다.

성철스님 생전에 깨달음을 얻겠다는 급한 마음에 이렇게 물은 적이 있었다.

"화두를 공부하여 도를 깨우치기가 그렇게 어려운데, 지름길로 단번에 깨칠 길은 없습니까? 저에게 만이라도 가르쳐…"

역시나 어리석은 물음이었다.

"그런 거 가르쳐주는 거는 미친놈한테 칼 쥐어주는 꼴이지. 내가 우째 그래 하겠노. 답답해도 혼자 마음을 깨쳐야 하는 기라!"

당시 공부에 진전이 없는 우리를 보고 성철스님은 얼마나 답답해하셨을까? 스님을 떠나보내고 나 스스로를 돌아보며 비로소 스님의 마음을 미루어 짐작해본다. 성철스님은 내가 처음 출가했을 때만 해도 깨달음에 대해 물으러 오는 스님들을 참 반갑게 맞이하며 자세히 일러주곤 하셨다. 그러나 세월이 흐르면서 "내 말 듣는 놈이 아무도 없어."라고 하며 가르침을 청하는 스님들을 잘 만나주지 않으셨다.

고희를 넘기면서부터는 부쩍 '눈 푸른 납자衲子'를 기다리신 듯했다. 납자란 수도승을 말하며, '눈 푸른 납자'란 서쪽에서 온 달마대사의 푸른 눈에서 나온 비유로 '탁월한 선승'이란 뜻이다. 그러나 눈 푸른 납자는 오지 않았고, 성철스님은 깨달음의 큰 보따리를 아무에게도 전해주지 못하고 떠나신 셈이다.

見之不見 逢之不逢(견지불견봉지불봉)
古之今之 悔之恨之(고지금지회지한지)
보아도 보지 못하고 만나도 만나지 못하니,
옛날이나 지금이나 한탄스럽고 한탄스럽다.

양무제가 달마대사를 추모한 이 비문이 어찌 이리도 내 마음과 같을까? 나는 어쩌면 성철스님을 보아도 보지 못하고, 만나도 만나지 못한 것이 아닐까? 22년 전 해인사 백련암으로 성철스님에게 출가를 하면서, 내가 도를 이루지 않고서는 절대로 이 백련암 계단을 다시 내려가지 않으리라 다짐했는데…….

방광 放光

　　7일장을 지내며 들은 말 가운데 원체 황당한 이야기라 긴가민가하며 흘려 넘기고 말았던 일이 하나 있다. 바로 방광放光이다. 방광은 은은하고 밝은 오렌지 빛이 드러나는 현상을 말한다.

　방광 얘기가 처음 나온 것은 성철스님이 입적한 날 저녁 해질 무렵이었다고 한다. 나는 장례를 준비하느라 바빠서 보지 못했는데, 몇몇 스님이 "퇴설당에 불났다!"고 소리를 질러 근처에 있던 스님들이 허겁지겁 물통을 들고 달려갔다고 한다. 퇴설당은 성철스님이 생전에 머물던 곳으로, 사후 스님의 법구를 안치했던 곳이다.

　물론 불은 나지 않았다. 같은 시각 일부에선 "장경각에서 밝은 빛이 나오는 것을 봤다."는 얘기도 했다. 장경각과 퇴설당은 해인사 경내 가장 높은 곳에 나란히 위치해 있는 건물이다.

　보지 않고는 믿기 힘든 일이다. 장례를 마치고 사리 친견 법회를 시작하는 날 아침이었다. 아침 공양을 마치고 그동안 대사를 치르는 데 심혈을 아끼지 않으신 산내 큰스님들을 찾아 인사를 하던 중 유나維那(사찰의 기율을 관장하는 소임)인 성본스님께 들렀을 때다. 차 한잔 마시고 있는데 느닷없이 밖에서 "방광이다. 백련암 쪽이다!"라는 고함 소리가 들렸다.

　순간 나도 모르게 문을 박차고 마당으로 내달아 백련암 쪽을 쳐다보았다. 아침 8시 전후쯤으로 기억된다. 구름 같기도 하고 안개 같기도 한 밝은 오렌지색 빛이 백련암 뒷산을 휘감고 있었다. 산등성이 위로 피어올랐다가 사라지고, 사라졌다가 다시 피어오르기를 20여 분간 반복하다가 빛이 서서히 엷어지며 사라졌다.

　어안이 벙벙했다. 본사 마당에서 볼 때 백련암이 동쪽이기 때문에 아침 해가 떠오르는 순간에 노을이 지는 것이라고 생각할 수도 있다. 그러나 수십 년간 보아온 아침노을보다 훨씬 밝았고, 확실히 노을과는 달리 오렌지 빛 기운이 아래위로 여러 차례 움직였던 것이다.

성철스님의 방광을 목격한 사람은 해인사 스님들만이 아니다. 당시 국립공원 소장으로 근무했던 분은 이런 말을 했다.

"성철스님의 입적 직후 가야면에서 누가 해인사에 불났다고 신고를 해왔어요. 확인해 보니 불이 난 것이 아니라 해인사 쪽에서 밝은 오렌지 빛이 둥글게 비쳤다고 하더군요."

가야면은 해인사에서 20리 떨어진 곳으로, 가야산의 전경을 가장 잘 볼 수 있는 곳이다. 지금은 돌아가신 명진스님도 당시 길상암(해인사 입구 암자)에 머물면서 방광을 여러 번 보았다고 했었다. 백련암 있는 쪽 산등성이 너머로 다비장의 불꽃이 치솟듯이 불기둥이 쏟아지는 모습이 장관이었다고 감격해하시는 말을 여러 번 들었다.

절집에서 방광이란 흔히 부처님의 탱화나 석불 등에서 목격되는 신비스러운 일로 구전돼왔다. 성철스님도 생전에 여러 번 방광 이야기를 하셨다. 스님은 지금은 원로가 된 한 스님에 대해 얘기할 때면 언제나 빠뜨리지 않고 말씀하셨다.

"그 스님이 출가한 거, 방광 때문 아이가! 그 스님이 어느

성철 큰스님과 나제통문에서.
왼쪽부터 원타스님, 큰스님, 필자

절에 들렀다가 후불탱화 부처님이 갑자기 방광하시는 모습을 보고 발심해 통도사로 출가했다 안 카나."

그리고 방광의 의미에 대해 "지금도 부처님이 안 계신 곳이 없다는 거 아이겠나."라고 말씀하시곤 했다.

방광을 직접 보지 못하고 전해 듣는 사람들은 하나같이 허무맹랑한 소리라고 일축해버렸다. 심지어 일부 스님들은 상좌들이 지어낸 말이라며 오히려 불쾌해하기도 했다. 그런 사람들을 잡고 옳으니 그르니 해보았자 아무 소용없음을 안다.

방광이 한번만이 아니라 장례기간 동안 여기저기서 여러 번 일어난 일이라 "누구나 깨치면 무한한 능력이 있고, 영원한 생명을 가지게 된다."던 성철스님의 생전 가르침을 되새기게 한 이색 체험이라 긴 얘기 가운데 빠뜨리고 싶지 않았을 뿐이다.

종교를 초월한
사리 친견법회

다비식의 마지막은 사리수습, 정확하게 말하자면 유골을 수습하는 습골拾骨이다. 일반적으로 다비식 다음날 아침에 습골을 하는데, 성철스님의 경우 혹시나 다비의 실수가 있을까 싶어 여느 때보다 나무와 숯을 많이 쌓아서 불길이 쉽사리 사그라지지 않았다. 그래서 습골을 하루 늦추게 되었다.

성철스님 떠나신 지 9일째 되는 날인 11월 12일 아침, 2박 3일 동안 다비장을 지키며 밤낮으로 염불을 해온 1천여 명의 사부대중이 지켜보는 가운데 습골이 시작됐다.

비가 온다는 얘기가 있어 먼저 비닐로 휘장을 치고, 습골을 맡은 노스님들과 제자들만 안으로 들어갔다. 큰 나무젓가락으로 조심스럽게 잿더미를 헤치기 시작했다. 가장 먼저 정수리 쪽의 유골에 묻은 재를 털어내자 두개골 속에 박힌 자그마한 점점의 푸른빛이 반짝 빛을 발했다.

"사리가 나왔다."

어느새 누군가 대중을 향해 소리를 질렀다. 순식간에 다비장이 술렁거리기 시작했다. 방송용 카메라와 보도진, 염불하던 스님들까지 휘장 속으로 고개를 들이밀었다. 습골을 계속하기에는 분위기가 너무나 어수선했다. 혹여 스님의 유골이 다칠까 걱정돼 일부만 수습하고 일단 습골을 중단하기로 했다.

항아리에 유골을 담고 다비장을 나서려는데 갑자기 옆에 서 있던 떡갈나무의 무성한 잎들이 일제히 우수수 떨어지는 게 아닌가. 주위에 있던 사람들이 갑자기 앙상해진 나무를 올려다보며 신기해하였다.

절로 돌아와 유골 속에 박힌 사리를 수습했다. 다행이다. 뭇 세인들이 관심을 가지는 사리가 꽤 많이 나올 듯했다. 전체를 수습한 결과 100여 과의 사리가 모아졌다. 통상 유골은 따로 항아리에 담아 사리탑을 만들 때 바닥에 묻고, 사리는 별도의 함에 넣어 사리탑 안에 모시는 것이 관례다.

성철스님의 사리모습. 촬영하면서 반사된 빛에 의해 나타난 모습이 마치 부처님 형상과 같다.

그 후 성철스님의 경우도 유골은 항아리에 담아 해인사 입구에 있는 사리탑의 아래쪽에 묻었다. 그리고 사리 중 70~80과는 사리탑에 안치하고, 나머지는 스님이 머물던 해인사 백련암과 생가 터에 복원된 기념관 등 스님과 관련된 여러 곳에 분산해 모셨다.

습골이 끝난 큰스님의 사리는 사리탑을 만들기에 앞서 일반인에게 공개하는 친견법회를 갖는다. 성철스님의 사리도 11월 15일부터 일반에게 공개됐다. 매일 몇만 명의 사람들이 모여드는 통에 감당하기가 힘들었다. 하지만 1km 밖에서부터 줄을 서서 그 누구도 새치기 하지 않고 차례를 기다려주는 모습에 그저 감사할 뿐이었다.

그렇다고 기다리는 신도들의 마음에 아쉬움이 없는 것은 아니었다. 친견을 마친 신도들 사이에 "300분 기다려서 3초만 보고 간다"는 말이 퍼졌다. 사람들이 많아 반나절이나 기다렸는데 친견 시간은 정작 몇 초에 불과하다는 안타까움을 드러낸 것이다. 줄을 서서 기다리고 서있던 한 신도의 말이 지금도 생생하다.

"내 평생 큰스님 한번 친견하려고 별렀는데, 삼천배가 무서워 백련암을 찾지 못하다가 이제야 스님을 뵈러 왔습니다. 사리 친견하는 데 이렇게 고생할 줄 알았으면 내가 죽든지 살든지 삼천배 하고 큰스님 살아 계실 때 친견할 걸 그랬네요."

또 어떤 신도는 이렇게 말했다.

"스님, 오늘 사리 친견뿐만 아니라 큰스님 다비식 때도 참석했었어요. 우리는 서울에서 왔는데 아침 9시쯤에 해인사 인터체인지에 도착하니 벌써 차가 막혀 옴짝달싹할 수가 없었어요. 누가 먼저랄 것도 없이 내려서 해인사 다비장을 향해 걷기 시작했어요. 우리만 그렇게 걷는 것이 아니라 벌써 많은 사람들이 길을 메우며 해인사로 해인사로 걸어가고 있었어요. 스님, 여기 있는 사람들 모두 그런 경험이 있겠지만 나는 처녀 때 6·25전쟁 피난길에 그 먼 길을 걸어본 이후 처음으로 오늘 스님 다비식에 그렇게 걸어봤습니다. 그런데 오늘 사리 친견에 몇 시간씩 기다리니 큰스님 뵙기가 생전이나 사후나 힘들기는 마찬가지네요."

이렇게 힘겨워하면서도 종교를 초월한 많은 신도들과 국민들이 사리친견법회에 동참해주었다. 많은 사람들이 모여드니 해인사로 올라오는 길의 여기저기서 라면이다 뭐다 해서 난장판이 벌어졌다. 청정도량의 수행 풍토에는 있을 수 없는 일이지만, 추운 날씨에 따뜻한 차 한 잔 대접하지도 못하는 처지에 단속할 수도 말릴 수도 없었다. 나중에 "큰스님 덕에 서민들이 한겨울 잘 나게 되었다."고 해인사 인근 주민들의 칭송이 자자했으니 그나마 다행한 일이었다.

  10여일 동안 해인사에 상주하면서 큰스님의 7일장 모습과 사리습골 과정을 보도하고 떠나는 기자 한 분이 말했다.

  "큰스님 떠나신 10일 동안 세상이 조용했습니다. 하루가 멀다 하고 여기저기서 사건이 터졌으면 우리가 여기서 한가하게 있을 수 있었겠습니까? 습골까지 10여일 동안 대한민국이 조용하였던 것은 성철스님 떠나신 후 온 나라가 추모의 정에 젖어 있었기에 가능한 일이라고 생각합니다. 우리도 좋은 경험하고 올라갑니다."